Gaby Amm

...dann levven se noch hück

Gaby Amm

...dann levven se noch hück

Märcher för Jung un Alt
op Kölsch verzallt

Greven Verlag Köln

Im Herbst 2001 erscheint ein Hörbuch (CD) zu »…dann levven se noch hück«. Gaby Amm trägt darin die schönsten Märchen dieses Buches vor.

Die Deutsche Bibliothek – CIP-Einheitsaufnahme

Amm, Gaby
…dann levven se noch hück : Märcher för Jung un Alt op Kölsch verzallt / Gaby Amm. – Köln : Greven, 2001
ISBN 3-7743-0319-3

Einbandgestaltung: Friedhelm Konsorski, ABISZET GmbH, Köln
Illustrationen: Ludwig Richter – S. 32, 39, 51, 53, 65, 109; Otto Ubbelohde – S.7, 13, 20, 41, 79, 88, 91, 97, 103
Satz: alka Fotosatz, Köln
Druck: Greven & Bechtold GmbH, Hürth
Buchbinder: Hunke & Schröder, Iserlohn

Vorwort

Als Ernst Weyden in seinem Buch »Cöln's Vorzeit« von 1826 als erster das kölnische Volksgut zusammentrug, da hatte er zwar vielerlei Reimsprüche, Kinderlieder, Sprichwörter, Sagen und Legenden zu bieten, aber keine stadttypischen Märchen. Wenn später in Köln Märchen erzählt wurden, waren es, soweit wir wissen, hauptsächlich die allgemein bekannten. Die Kölner Mundartsprecher eigneten sich nicht nur die berühmte Eingangsformel »Es war einmal« in der Form »Et wor ens« an, sondern prägten auch, neben »Und wenn sie nicht gestorben sind, dann leben sie noch heute«, einen eigenen Schlusssatz: »Un wä et zoletz verzallt hät, däm ess der Mungk noch wärm«.

So werden also vielen, die in Köln auch heute noch Märchen »op Kölsch« erzählen wollen und sich dabei lieber nicht auf sich selbst verlassen möchten, die in diesem Buch enthaltenen dreiundzwanzig Vorgaben von Gaby Amm willkommen sein. Schon in ihrem Buch »Et Föllhoon« von 1986 sind zwanzig kölsche Nacherzählungen nach den Brüdern Grimm und Richard Volkmann-Leander erschienen. Neben deren »Kinder- und Hausmärchen« und »Träumereien an französischen Kaminen« hat sie jetzt noch Ludwig Bechsteins »Deutsches Märchenbuch« herangezogen, das es zu Lebzeiten seines Autors auf dreizehn Auflagen brachte und vor allem durch die Illustrationen von Ludwig Richter populär wurde. Aus diesem reichen Material hat sie eine reiche Auswahl getroffen, Märchen-Klassiker wie »Rotkäppchen«, »Frau Holle« und »Vom tapfern Schneiderlein« und weniger bekannte wie »Die drei Hochzeitsgäste«, »Der Hase und der Fuchs« und »Der Grabhügel«. Und erneut erwirbt sie sich Verdienste durch die Wiederentdeckung der Märchen von Richard Volkmann-Leander, der zwar keine Volksmärchen gesammelt, sondern selbsterfundene Märchen erzählt hat, aber hier zum Beispiel mit »Der Wunschring«, »Von Himmel und Hölle« oder auch »Eine Kindergeschichte« in der Gesellschaft von Bechstein und den Grimms bestens bestehen kann.

Gaby Amm ist als Mundartautorin eine schnelle, manchmal erstaunlich schnelle Arbeiterin. Beim Erzählen dieser kölschen Märchen drängt es sie, das merkt man, immer wieder einmal, ihrer eigenen Phantasie freien Lauf zu lassen und ihre Erzähler-Kommentare einzuflechten, aber sie kehrt doch immer wieder auch zum getreulichen Dienst an den Vorlagen zurück. Dann vielleicht am stärksten zeigt sie, wie sie auf ein großes Repertoire kölscher Redewendungen zurückgreift, dann am deutlichsten wird sichtbar, wie kreativ Kölsch ist, wenn seine Autoren sich nicht mit einer letzten Endes nur noch im Sprachklang abweichenden Nachbildung des Hochdeutschen zufrieden geben. Ich nenne nur drei Beispiele: Ein ›unansehnlicher Ring‹ ist einer, »dä noh nix ussüht«. ›Rauben, Morden, Sengen und Brennen‹ heißt: »se nöhmen de Lück fott, wat inne gehöt, schlögen se dut un stöchen inne et Huus üvverm Kopp an.« Und ›Die Gäste ließen sich nicht zweimal bitten‹ klingt dann so: »Dat hatt hä keinem Dauv gefläut.« So machen die kölschen Märchen zwar die Freude des Wiedererkennens, aber doch des Wiedererkennens im neuen, ungewohnten, interessanten Gewand.

Der Verlag hat das Buch dankenswerterweise mit Illustrationen von Ludwig Richter und Otto Ubbelohde ausgestattet. Zudem ist, wie schon in den kölschen Publikationen der letzten zweieinhalb Jahre, aus den Regeln der neuen hochdeutschen Orthographie das übernommen worden, was für das Erkennen kölscher Lautungen im Schriftbild nützlich ist, vor allem die Unterscheidung von ß und ss, etwa in »Stroß« (Straße) und »Stross« (Gurgel) oder »loß« (lass) und »loss« (los).

Märchen sind Schritte zur Entdeckung der Welt. Möge dieses kölsche Märchenbuch jedem seiner Leser ein Kinderlächeln und, wenn auch nur in der Erinnerung, ein Stück Kindheitsglück schenken.

Heribert A. Hilgers

Et Rutkäppche

Et wor ens e klei söß Nützge. Alle Lück hatten it vun Hätze gähn. Sing Äugelcher kunnte laache, dat jederein fruh woodt. Sing Groß hatt dat Kind am allerleevste. Die woss gar nit, wat se im all schenke sollt, för it ze verwenne. Eimol braht se im e rut Sammetmötzge met, un wat för nem kölsche Weech dät dat nit gefalle? Su kom et an dä Name »Rutkäppche«, weil et dat Mötzge am leevste selvs beim Schlofe nit usdun woll.

Eines Dags reef sing Mamm: »Rutkäppche, he ess ene Korv met nem öntlige Stöck Koche un dobei en got Fläsch Wing. Bräng die Saache bei de Oma. Ich han grad fresch gebacke. Sei ess krank un schwaach un weed sich dran vermaache. Un wenn se meint, rude Wing dät stoppe, dann sag ehr ne schöne Groß vun mir, bei ahl Lück wör dat nit esu schlemm.« Dann gov de Mamm däm Klein noch allerhands Rotschläg, wie mer dat gewennt ess. Et sollt nit ungerwägs träntele, nit weld em Wald erömhöppe, nit vum Wäg avkumme un die Fläsch nit kapottmaache. Och bei der Groß nit en alle Hötte lunke un fründlich de Dagszick sage! Do leever Gott, wat muss e Kind nit all behalde! Et Rutkäppche stippte zwei Fingere en de Luff, wat bedück: ich versprechen et huh un hellig. Dann gov et der Mutter noch de Hand drop.

Sing Oma wonnte wick drusse em Wald. Ne Pädswäg vum Dörp us, mieh wie en halv Stund. Wie et Rutkäppche durch der Bösch dötzte, kom im der Wolf entgäge, der Isegrim, wie mer en nenne. Jederein kennt dä als e kott Dier, ävver dat Kind woss nix dovun un hatt kein Kadangs vör im. Et hoot die Wolfsstemm: »Goden Dag, Rutkäppche, wo läufs do dann su fröh ald hin?« Et Kind gov fründlich Antwoot: »Bei ming Groß, der brängen ich Koche un Wing, dat se sich stärke kann. Se ess krank un schwaach.« Der Wolf, jau wie hä wor, woll wesse: »Wo wonnt dann ding Oma?«, un et Nützge dät im der Wäg genau beschrieve: »Noch en Veedelstund wigger em Wald, do steiht ehr Huus. Drömeröm sin Nosshegge, ävver dat weiß do secher. Do stonn och drei große Eichbäum.« Der Wolf daach bei sich, dat su e zaat jung Dinselche ene leckere Besse wör, noch besser wie die Ahl. Hä woll et hingerlestig anfange un se allebeids schnappe. Su fing hä an, et Rutkäppche vum Wäg avzelocke, op en katzefründlige Aat: »Do läufs durch der Bösch, wie wann do en de Schull gings. Süch doch ens die golde Sonnestrohle, die schön Waldblome! Do kanns der Groß doch ene Struuß plöcke.« Do leef dat Klein en der Wald eren, sohch he en Blom un do noch en schöner un kom wick vum Wäg av. Wie dät sich de Oma freue!

Der Wolf ävver rannt an der Ahl ehr Huus, kloppte an de Pooz un hoot en schwaache Stemm: »Wer ess do drusse?« »Et Rutkäppche, maach op!« dät der Wolf sing deefe Stemm verstelle. »Ich bränge Koche un Wing.« »Dröck de Klink erav, ich kann nit opstonn«, reef de Groß, un dat Bies vun nem Dier sprung op dat Bett un dät die kranke Ahl verschlinge. Dann trok hä sich de Omakleider üvver, satz de Haub op der Kopp un laht sich en et Bett, wobei hä die Vörhäng zotrok. Mer merk, et wor en altfränksch Bett. Wer hät dann hück noch Vörhäng vör singer Lappekess?

En där Zick hatt et Rutkäppche ne decke Bärm Blome zesamme, ene Struuß, dä it kaum noch packe kunnt. Wie et an dat Huus vun der Oma kom, dät et sich wundere, woröm de Döör opstundt. Och en der Stuvv wor et irgendwie anders wie söns. Leever Gott, woröm weed et mer su bang zo Mot? Su schoss et däm Kind durch der Kopp. Wie it brav reef: »Gode Morge, Oma«, kom kein Antwoot. Et ging an et Bett, trok die Vörhäng opsick – un do log de Groß, de Haub deef üvver de Auge, un se sohch esu fremb us!

»Großmutter, wat häss do för en große Auge?«
»Dat ich dich besser sinn kann.«
»Großmutter, wat häss do för en große Ohre?«
»Dat ich dich besser höre kann.«
»Großmutter, wat häss do för en große Häng?«
»Dat ich dich besser packe kann.«
»Ävver Großmutter, wat häss do för en schrecklich große Mul?«
»Dat ich dich besser fresse kann!«

Kaum hatt der Wolf die Antwoot gegovve, sprung hä met nem Satz us der Futzkul – un, wuppdich!, hatt hä et Rutkäppche verschlunge. Dann laht sich dat Undier widder en et Bett un wor bahl üvverlaut am schnorkse.

Grad ging drusse der Jägersmann lans et Huus, hoot die Tön vun dobenne un daach, wie schwer die ahl Frau noh Luff am schnappe wör. Hä mööt ens nohlore, ov et ehr schlääch ging. Kaum en der Stuvv angekumme, hatt hä der Wolf gesinn un gehoot: »Fingen ich dich he, do ahle Sünder? Wie lang han ich dich ald gesook.« Hä ress si Gewehr en de Hüh, ävver do feel im en, dat der Wolf am Engk die Groß gefresse hätt. Ov die noch ze rette wör? Hä leet et Scheeße blieve, nohm en große Schier un schnett dä decke Wolfsbuch op. Tireck dät us däm Schnett e rut Käppche leuchte, un et Nützge sprung us däm Buch un reef: »Nä, wat wor ich verschreck! En däm Balg wor et jo stechendüüster!« Glich drop kom och de Groß an et Leech. Se kunnt kaum noch odeme.

Donoh dät et Rutkäppche drusse decke Stein zesammesöke un anschleppe, un domet däten se dem Wolf singe Buch fölle. Wie dä wackerig woodt un fottspringe woll, sunk hä en sich zesamme. Die Steinlass wor zo schwer, der Wolf broch sich alle Knoche!

Die drei Minsche wore fruh! De Groß hatt Heißhunger op dä leckere Koche un e Glas vum Rude, un der Jägersmann woodt engelade. Hä trok dem Wolf dat decke Fell av un ging stolz op heim an. De Oma hatt neue Levvensmot un fohlt sich nit mieh esu krank. Et Rutkäppche ävver daach, dat it nie mieh allein en der Wald laufe, Blome plöcke un vum Wäg avkumme mööch. De Mamm hatt et jo verbodde, un op die sollt e Kind höre!

Der Froschkünning ov der iesere Henderich

En dä ahl Zigge, wo et Wünsche noch geholfe hät, läävten ens ne Künning met singe Dööchter. Die woren all esu bildschön, dat jeder se gähn sohch. Si Jüngs ävver wor esu selden schön, dat selvs de Sonn, die doch ald su vill ze sinn kräge hät, sich wundere dät, wann se däm Mädche en et Geseech schung. Noh beim Künningsschloss wor ene große dunkle Bösch, un dodren stundt unger nem ahle Lindebaum ene Pötz. Wann der Dag heiß wor, leef et Künningskind en der Schatte un satz sich op der Rand vum Pötz. Do wor et köhl, un mer kunnt et ushalde. Hatt et Mädche Langewiel, dann nohm it singe golde Ball, worf dä huh un schnappten dat Spillzüg widder wie nix. Domet kunnt et sich stundelang de Zick verdrieve.

Doch eimol passierten et: dä Ball flutschten us dä usgestreckte Häng un rollte platschdig en der Pötz. Do fing et Prinzessge an ze kriesche un kunnt domet kaum ophöre. Do hoot et en Stemm: »Wat ess dann loss, Mädche? Do bess jo am bauze, dat ene Stein dovun weich wäde künnt.« Dat Weech sohch sich öm, ävver et fung nor ene decke gröne Frosch, dä om Rand vum Pötz soß, un dat Dier hatt ene fiese Kopp. »Och, do bess et, Wasserklätscher!« saht et Mädche. »Ich kriesche öm minge schöne golde Ball, dä mer en der Brunne gefalle ess.« »Wann et söns nix ess, ich kann dir helfe un dä Ball widder eropbränge. Wat gissde mer doför?« Su sproch vernünftig dä Frosch. »Wat do wells. Ming Kleider, Pääle, ming Krun, die ich om Kopp han!« Dat Weech woll jo nit kniestig sin. Doch dä Frosch woss genau, wo et im drop an kom: »Wat soll ich met dinge Kleider? Wat bruchen ich Pääle? Ich well dinge Fründ sin, dinge Spillkamerad. Kanns do mich e bessge gähn han? Dann well ich an dingem Desch setze, vun dingem Teller met esse, us dingem Becher drinke un en dingem Bett schlofe.« Dat sollt it verspreche, dann dät dat Dier eravspringe un dä Ball widderbränge.

Et Mädche wor nit domm un versproch, wat dä Frosch verlangte. Em Stelle daach it, su ne Frosch, dä nor em Wasser setze un quake dät, hätt Rusinge em Kopp. Wie sollt dä ene Spillkamerad sin ov ene Fründ, dä met am Desch söß?

Kaum hatt et si Verspreche gegovve, maht dat Dier ene Köppes en der Pötz, dat et Wasser opspritzte, un kom em Rüppche widder an et Leech, dä golde Ball en der Mul. Hä leet dä op der Grasboddem falle, un et Mädche fraut sich un wor am juuze. Et hovv si Spillzüg op un sprung flöck domet fott. »No wadt op mich un nemm mich met! Ich kann nit esu laufe wie do!« Hinger sich hoot it die Stemm vun däm ärme Frosch. Dat »Quakquak« klung leidmödig. De Künningsdoochter hoot nit drop, rannt heim un hatt tireck dat Dier vergesse, wat esu fründlich geholfe hatt. Der Frosch kunnt widder en der Brunne springe.

Am anderen Dag, wo der Künning un sing Famillich met vörnähme Gäss an der Fesstafel soß, wo se vun golde Tellere oße, hooten se jet plitsch-platsch üvver de

Marmeltrapp eropkumme. »Künningsdoochter, Jüngs, maach mer op!« Et Mädche leef an de Döör un worf die verschreck widder zo. Sohch it e Gespens? Öm Goddeswelle, dä Frosch! Der ahle Künning merkte, wie singem Kind et Hätz am kloppe wor. Wat hatt et dann för en Angs? Wer wor drusse? »Well dich einer kläue, Kind?« frogten der Vatter, un sing Doochter verzallt leis: »Enä – mich hät ene fiese Frosch verschreck, dä mer gester minge decke golde Ball us dem Pötz gefesch hät, weil ich esu gekresche han. Zom Dank woll hä minge Fründ sin, un ich han et im en minger Oprägung verhaftig versproche.« Do kloppten et ald widder, un dä Frosch reef e Rümche, wat se all hoote:

»Künningsdoochter, Jüngs,
maach doch op!
Weiß do nit, wat gester
do versproche häss
an däm Pötz, däm köhle?
Muss ich dat verzälle?
Künningsdoochter, Jüngs,
maach doch op!«

Do saht der Künning: »Wat do versproche häss, dat muss do och halde!« It mööt däm Frosch de Pooz opmaache, dat wör nit mieh wie rääch! Kaum wor dat Dier dobenne, sprung et däm Mädche noh bes an der Desch un sproch laut genog: »No hevv mich op! Däu mer dinge golde Teller jet eran, domet ich met dir esse kann!« Däm Dööchterche blevv der Besse em Hals steche, wie hä och noch us singem Becher drinke woll un kein Rauh gov. Späder dann reef dä Frosch, jetz wör hä möd un wöll nohm Bett gebraht wäde, met der Prinzessin zesamme! En däm Prinzessinnegemaach moot et Mädche sing seide Bettdeck zoröckschlage un däm flutschige Dier en Extrakösse paratläge, deech bei im, su dat et dem Prinzessge kalt woodt wie em Winter. Bah, wie fohlt sich dä Frosch feuch an! Der ahle Künning saht, it sollt sich nit esu anstelle:

»Wer dir en der Nut geholfe hät, dä darfs do nit scheif anlore. Dä hät jet Dank verdeent.« Ävver dat Mädche nohm dä Frosch met spetze Fingere un satz in en de hingerste Hött. Hä ävver heel sich am jömere: »Loß mich bei dir blieve, söns sagen ich et dingem Vatter!« Jetz woodt dat Mädche eesch rääch wödig, packten dä Frosch un worf dä widder de Wand, met aller Kraff! »Dä, do äklig Dier! Jetz wäden ich wal ming Rauh han«, reef it.

Wie ävver dä Frosch eravgefalle wor, stundt op eimol ne stolze Künningsson do, met fründlige Auge, un dat Mädche hatt noch nie su ne schöne Mann gesinn. Dä woodt tireck singe leevste Fründ, dä it och vun Hätze gähn hierode woll. Se schleefen glöcklich zesamme en, bes dat morgens de Sonn durch de Finstere schung. Dä Prinz verzallt dem Mädche, hä wör vun ner widderlige Hex verwünsch wode, un keiner hätt in us dem Pötz befreie künne wie sei allein, dat fing Künningskind. Dröm wollten se su flöck et ging en si Rich fahre, un en Kutsch kom gefahre met aach wieße Päd, die leefen en golde Kette un hatten sugar Struußefeddere op de Köpp. Wat en Praach! Met der Kutsch kom dem Künning singe getreue Deener, singe Henderich. Dä wor esu voll Troor gewäß, dat singe Här ene Frosch wäde moot, dat hä sich drei Ieserbängele öm et Hätz hatt läge loße, domet et vun Nut un Sorg nit zerspringe dät. Jetz woll hä sing Herr-

schaff mem Bruckwage avholle, heim en et eige Schloss. Der treue Henderich hovv zoeesch de Bruck un dann singe Här en de Kutsch, stallt sich hinger op et Trettbrett un hatt Freud zevill, dat et ganze Gedöns su got usgegange wor. Kaum woren se en Engk gefahre, do hoot der junge Künning hinger sich jet kraache. Wor en Ahß gebroche? Hä driehten sich eröm un reef: »Henderich, der Wage brich!« »Nä, Här, der Wage nit! Et ess e Band öm mi Hätz, wat brich! Ich hatt jo su en Ping, wie Ehr em Brunne soßt. Ehr sollt doch nit e Levve lang ene Frosch blieve!« Noch zweimol hooten se jet kraache, un dann woren dem Deener die Bängele vum Hätze gesprunge. Dä treue Minsch dorf zefredde un glöcklich sin, weil och singe leeve Künning endlich si Glöck gefunge hatt – för alle Zokunf!

Schneiwießge un Ruserut

För der Henner un et Uschi
alias »Schneiwießge« un »Ruserut«

Et wor ens en ärm Wittfrau, die hatt bloß e klei Hüsge, wick fott vun de Nohbere, dobei e Gädche, wo zwei Rusestämmcher dren stundte. Dat ein drog wieße, dat ander rut Ruse, un se woren der ganze Stolz vun der Frau, die sich metunger ärg verloße vörkom. Zwei Dööchter woren ehre Truus, un se gleche dä Rusebäumcher. Dröm nannt de Mamm ehr Mädcher Schneiwießge un Ruserut. Se woren brav un leev, däten fließig arbeide un wore nie verdreeßlich. Su en Puute fingk mer selde. Et Schneiwießge wor jet steller wie si Schwester. Dat sprung leever en de Felder eröm, dät met Vivaldere un Vügel öm de Wett durch et Gröns fladdere un braht der Mutter Feldblome met heim. Et Schneiwießge wor leever bei der Mamm, holf ehr em Huus un dät ald ens jet vörlese, wann de Arbeit gedon wor. Die zwei Mädcher hatten sich vun Hätze gähn, un mer sohch se luuter Hand en Hand, wann se vör de Döör gingke. Dann saht et Schneiwießge: »Mer welle nie usenandergonn un uns gägensiggich och nie em Stech loße.« Dann versproch et Ruserut: »Sulang wie mer levve nit!« De Mamm fraut sich üvver die Leev vun dä Mädcher un saht zefredde: »Wat dat ein hät, soll et met däm andere deile!« Metunger troken die Weechter vum Waldrand us, wo ehr Hüsge stundt, wick en der Bösch eren, för Beere ze sammele. Diere komen eran un wore ganz zotraulich. Se leeten sich strichele, un et Häsge froß inne sugar e Kappesblatt us der Hand. De Riehcher un der Heez blevven en der Nöh un zuppten sich fresch Gras, un de Waldvügel woren nit scheu un sungen ehr schönste Ständcher. Wann et düüster woodt, lahten sich de Schwestere op der wärme Waldboddem, eng aneneingekuschelt, un schleefen sillig, bes dat de Morgesonn se wecke kom. De Mutter doheim woss Bescheid un maht sich kein Sorg. Eines Morgens, wie die Zwei de Auge opmahte, sohchen se e schön Kind nevven sich op der Äd setze. Dat hatt e wieß Kleidche an un fründlige Auge, ävver et saht nix un ging höösch en der Wald eren. Do merkten die Mädcher eesch, dat se noh an nem Avgrund geläge hatte. Naaks bloß eine Schrett wigger, un se wören deef eravgefalle. De Mutter woss, dat moot ene Schötzengel gewäß sin, dä ehr Leevger bewaach hatt.

Schneiwießge un Ruserut heelten et Hüsge su proper, dat et Spass maht, eren ze lore. Zor Summerzick hatt et Ruserut drenne ze dun, un et drog der Mamm jede Morge ne Blomestruuß an et Bett. Wann die dann de Auge opschlog, hatt se vun jedem Rusebäumche en Rus, ein wieße, ein rude. Em Winter maht et Schneiwießge ehr Freud genog. Dat dät Föör stoche, hing der Kessel üvver de Flamme, un dä wor blänkig geputz, wie et reinste Gold. Ovends, wenn et an schneie fing, reef de Mutter: »Schneiwießge, maach der Rigel op de Döör!« Dann soßen se genöglich en der Stuvv, un de Mutter hatt ehre

Brell op der Nas un e deck Boch om Schuuß. De Mädcher däte Schofswoll spenne un leeten sich gähn jet dobei vörlese. Om Boddem log e klei Lamm, un op der Stang hinger inne soß e wieß Düvge un stoch der Kopp unger sing zaate Flögelcher.

Eimol ovends, wie se nett beienein soße, kloppten et an de Döör. »Lauf opmaache, Ruserut, et weed ene möde Wanderer sin, dä kei Daach üvverm Kopp hät«, saht de Mutter, un dat Mädche sprung flöck opmaache. Ävver an der Pooz stundt keine Wandersmann, oh nä: ne schwatze Bär daut singe decke Kopp eren! Dat Weech brollt laut un maht ene Satz vör Schreck! Et Lämmche wor opgewaach, un och et Düvge hovv sing Flögelcher un flaasterte ängslich op singer Stang eröm. Et Schneiwießge verstoch sich hinger der Mamm ehrem Bett. Do fing dä Bär an ze spreche: »Sid nit bang, ich dun üch nix! Seht, ich ben halv verfrore un well mich jet wärme.« »Do ärm Dier«, saht de Mutter, »komm un läg dich nevven et Föör. Pass op, dat dinge Pelz nit anbrennt«, un dann reef se ehre Kinder zo: »Schneiwießge un Ruserut, no kutt doch! Dä Bär meint et ihrlich, dä well üch nit fresse!« Se kome Schrettche vör Schrettche eran, un och et Lämmche un et Düvge hatte kein Angs mieh. »Kutt un kloppt mer dä Schnei us dem Fell«, saht fründlich dä Bär, un se brahten ene Bessem un strechen im der Pelz drüch. Dat wor jet för dä verkahlte Gass, un hä laht sich met Brumme bei se un fohlt sich wie doheim. Se naggelten in un däten im et Fell kräuele, satzen ehr Föß op singe Rögge un kitzelten in sugar met nem Haselzwig. Och dat leet hä sich gefalle, weil jo ne Waldbär en öntlich deck Fell hät. Wie se et bahl zo doll drevve, reef hä: »Loht mich am Levve! Schneiwießge un Ruserut, brängt nit ühre Freier öm!« Jetz wor et Zick, för schlofe ze gonn, un de Mutter saht för dä decke Brummbär, hä künnt en Goddes Name am Föör ligeblieve un sich usschlofe, dat wör besser, wie drussen en der Kält erömzelaufe. Am Morge leeten in die Mädcher erus un sohche noch sing Tappe em Schnei. Vun däm Dag an kom hä jeden Ovend, op de Stund genau. Hä laht sich an der Hääd, un die zwei löstige Weechter kunnten der Molli met im maache. Se woren ald esu an in gewennt, dat se der Rigel nit op de Döör lahte, bes dat ehre schwatze Gass dobenne wor.

Wie et Fröhjohr kom un drusse de Äd grön woodt, saht der Bär, jetz mööt hä inne adschüss sage un köm der ganze Summer nit mieh widder. Et Schneiwießge woll wesse: »Leeve Bär, wo geihsde dann hin?« It fohlt sich vun däm Dier besonders angesproche. »Ich muss en der Wald un do blieve, wo ich ming Schätz höde, die mer hingerlestige Zwerge kläue welle. Em Winter, wenn der Boddem hatt gefrore ess, müssen die unge blieve un künnen sich nit durch de Äd arbeide. Subahl de Sonn wärmp, brechen se noh bovve, die klein Hanake, söken un bränge fott, wat se schleppe künne.« Su verzallt der Bär, un dat et Zwergevolk nix mieh erusgitt, wat et eimol en de Häng hät. Et köm all en deefe Höhle. Et Schneiwießge woodt bedröv, wie et däm Bär de Döör opmaht un im noch ens winke woll. Hä blevv met singem decke Fell, däm wölle Pelz, am Döörhoke hange, e Stöckelche Huck ress av – un do schung et däm Mädche, wie wann it Gold hätt glänze sinn. Doch et wor sich nit secher. Dä Bär rannt en der Bösch un wor bahl hinger de Danne verschwunde.

Koote Zick drop scheckten de Mutter ehr Mädcher en der Wald, wo se en Bööd Kleinholz sammele sollte. Do fungen se ne große Baum, dä gefällt op der Äd log, un zwesche Boddem un Stamm sprung jet eröm – se wossen nit, wat dat wor. Wie se nöher schleche, sohchen se ne ahle Zwerg. Wat hatt dä e verkrünkelt Geseech! Singe wieße Baat wor secher en Ell lang. Dat Engk dovun wor en der Baumspalt engeklemmp, un dat Kälche sprung hin un her wie e Hüngche an der Ling. It kunnt sich nit frei maache. Sing Auge bletzten, un dat klei Geseech wor rut angelaufe vör Wot. Et brollt die Mädcher an: »Wat stoht ehr Duseldiere noch do eröm? Seht ehr nit, dat ehr mer helfe mütt?« Et Ruserut kom noh eran un hatt kein Angs:

»Männche, wat hässde angefange? Wat ess loss met dinge Zibbele?« »Domm Gans, ich woll mer he dä Baum kapotthaue, för jet Schänzger en ming Köch ze bränge. Bei große Klötz dät mer jo dat bessge Esse verbrenne, wat unsereiner nor bruch. Mir fresse nit su vill wie dat Minschevolk, wat der Hals nit voll kritt!« Dat verdammte Holz, su schreiten hä, hätt im genog Möh gemaht. »Jetz ess minge schöne lange Baat unger däm Stamm hange geblevve, un ehr Dösköpp stoht do un sid am laache!« Die Weechter wollten im helfe, troken an däm Baat, ävver dä hing zo fass. »Ich laufe un holle Lück, die künne methelfe!« su versproch et leev Ruserut, ävver dä Zwerg hoot nit op, ze kieve: »Hatt ehr zwei Fraulück nit genog Häng för ze trecke?« »Bess nit esu ungedöldig«, woll in et Schneiwießge trüüste, »mer wäden der tireck de Freiheit gevve.« It trok e Schierche us der Täsch un schnett ritsch-ratsch däm Zwerg de Baatzibbelcher av. Kaum fohlt dä keine Widderstand mieh, greff hä en de Baumwoozele, trok ene Sack voll Gold erus un wor zom Dank noch am schänge: »Üch soll der Kuckuck holle! Schniggen die mer minge finge Baat kapott!« Ohne dä brav Mädcher noch ene Bleck ze günne, ress hä dä Sack op der Rögge un wor fott.

Jet späder sollten de Mädcher e paar Fesch angele gonn. En klor Baach wor en der Nöh. Wie se erankome, sohchen se jet wie ene Höpperling am Ofer erömspringe, e klei Heupädche. Et wor der Zwerg. »Wat wellsde dann he am Wasser? Versuffe?« frogten et Ruserut. »Su jeck ben ich nit, ävver dä verflixte Fesch well mich en die Bröh trecke. Seht ehr dat dann nit?« schannt dä Geffzant. Dä Klein hatt met der Angelrot do gesesse un sich mem Baat en der Koot verhaspelt. Wie ne decke Fesch anbess, wor dä stärker wie dat klei Männche. Dat heel sich an Gras un Binse fass un wor weld am sprattele, för met de Beincher Halt ze finge. Die Mädcher kome grad noch zo räächter Zick, un wie se Baat un Koot nit useneinknespele kunnte, mooten se widder e paar Zibbelcher avschnigge, domet dat Kälche nit unger Wasser getrocke woodt. Zom Dank hooten se widder dat Geschrei: »Ehr Kradepack, ess dat no en Aat un Wies, mich he esu ze verschängeliere? Minge schöne lange Baat!« Dä Klein wor am knaatsche, dat hä sich bei singe Geselle nit mieh blecke loße künnt! Dann packten hä sich ene Sack op der Ass, vollgepack met Pääle, un wie der Bletz wor hä hinger nem Stein verschwunde. Wie deef us der Äd klung noch sing freche Stemm: »Ich wünschen üch de Kräu an der Hals, ehr widderlige Wiever!«

No drog et sich zo, dat de Mutter ehr Mädcher en de Stadt scheckte, weil se Zween, Nodele un Bängele holle sollte. Der Wäg trok sich üvver de Heid. He un do log ene decke Felsblock, un drüvver dät ene große Vugel kreise, deefer un deefer, bes dat hä op eine Steinbrocke eravstüsse dät. Glich drop hooten de Schwestere ene Schrei, wie wann einer geköpp wöödt. Dä Adler hatt dä ahle Zwerg en de Fäng un woll in grad huh en de Luff drage. Die Mädcher ressen an däm Zwerg singe dönn Bein, un dä Vugel leet sing Lass falle. Bei all däm Schrecke schannt widder dat Geffmännche: »Jetz hatt ehr mer et Wämmesge zerresse! Wor dat nüdig, ehr äklige Biester?« Dann böckten sich dat Männche, hovv ene Sack met Edelstein op un flutschten unger Felsgestein en sing Höhl eren. Undank ess der Luhn vun der Welt, daachten die got Mädcher un mahten sich op de Bein, för en der Stadt ze besorge, wat de Mutter inne opgedrage hatt. Wie se om Röckwäg widder durch de Heid kome, hatt sich der Zwerg e sauber Pläätsge usgesook un wor grad sing Edelstein am zortiere. Dat einer lanskumme künnt, domet hatt dat Kälche nit gerechent. De Ovendsonn leet die Kossbarkeite leuchte, un et gletzerte un blotzte en aller Praach. Dä Mädcher leefen de Äugelcher üvver! »Wat gitt et he ze spioniere!« reef dä freche Zwerg, un sing Auge schossen Bletze vör Wot. Si Geseech wor krallrut angelaufe. Do hooten se em Bösch hinger der Heid e Brumme, un ne schwatze Bär kom, huh opgereech, met usgestreckte Tatze eran un schnett däm Zwerg der Wäg av. Dä kunnt nit mieh tirre gonn un schlodderte vör Angs: »Leeve Här Bär, loht mich am Levve! Ich well all ming Schätz dofför gevve. Fresst leever he die zwei Mädcher, do ess mieh dran, die sin zaat un weich!« Doch dä starke Bär schlog eimol met der Tatz, un der Zwerg kunnt sich nit mieh reppe un wäge. Hä wor dut!

Schneiwießge un Ruserut wore vör Angs fottgelaufe. Do reef inne dä Bär noh: »Wadt doch op mich, ich mööch met üch gonn!« Die Stemm kom inne bekannt vör. Et wor ehre Fründ, un se blevve stonn. Do worf dat Dier si deck Fell av, un vör inne stundt ene wunderschöne stolze Mann, ganz en Gold gekleidt. »Ich ben dem Künning singe Son un wor vun däm Zwerg verwünsch, dä uns ganze Schätz gestolle hät. Ich moot als Bär durch der Bösch laufe, bes dat der Dut vun däm Zauberkäl mich erlüse dät. Jetz hät hä en Goddes Name sing geräächte Strof gefunge.«

Et Schneiwießge woodt mem Künningsson verhierot, un weil dä ne nette Broder hatt, kom och et Ruserut, die got Schwester, zo nem treue Mann. Se fungen all die Schätz, die en der Zwergehöhl verstoche wore, un de Pärcher deilten dä Richdum op. De ahl Mutter hatt noch en Häd got Johre met ehre Dööchter zesamme, un se nohm ehr zwei Rusebäumcher met op et Schloss, wo se noch lang Johr för Johr vörm Finster blöhte: wieße un rut Ruse satt un genog, esu schön wie ehr zwei Dööchter, et Schneiwießge un et Ruserut!

Der Wunschring

Ne junge Boor soß op singem Plog un daach noh, woröm et met singem Hoff nit rääch vörangonn woll. Hä kom off genog bei der Arbeit an et Schweißte un woll sich jetz en Amelang räste. Do kom en ahl Hex erangeschleche un reef: »Wat strengsde dich esu an un brängs et doch zo nix! Gangk zwei Dag gradus, der Nas noh, dann küss do an ne Dannebaum, dä frei em Wald steiht un größer ess wie all die ander Bäum. Schlag dä av, un do häss di Glöck gemaht.«

Dat hatt die Ahl keinem Dauv gefleut. Der Boorefant schnappten si Beil un maht sich op de Söck.Verhaftig! Noh zwei Dag hatt hä die Dann gefunge. Do spaut hä düchtig en de Häng un hatt dä Stamm em Rüppche avgeschlage. Wie dä feel, kom bovven us der hühkste Spetz e Ness ze flege. Dodren wore zwei klitze Eier, die om Boddem zerbroche. Us däm eine kom piepschjung ene kleine Adler, us däm zweite ne golde Ring. Dä Adler, kaum en der Luff, wohß un wohß un wor em Momang wal halv-mannshuh. Dat Dier flaasterte met singe starke Flögele, wie wann et die usprobiere wöll, un reef: »Do häss mich erlüs! Zom Dank soll dir dä golde Ring gehöre. Dat ess ene Wunschring. Wann do dä am Finger driehs un der dobei jet wünschs, geiht dat en Erföllung. Ävver et ess bloß eine einzige Wunsch en däm Ring, dann hät hä sing Kraff verlore un ess nit mieh wäät wie jede Goldschmuck. Dröm denk got noh, wat för ene Wunsch wichtig ess, söns deit et dir am Engk noch leid.«

Domet flog dä Vugel pielop en de Hüh, trok noch e paar Runde üvver däm Boor singe Kopp un wor fott, en der Morgen eren.

Dä Mann stoch sich dä Wunschring an der Finger un maht sich op heim an. Ovends kom hä en de Stadt, do stundt der Goldschmid vör singer Döör. Bei däm kunnt mer de schönste Ring kaufe. Dä Boor frogte, wat singe Ring wäät wör, un dä luse Geschäffsmann laachte un saht: »Kaum der Möh wäät, dä ze schätze. Dä kannsde vergesse!« Do verzallt im stolz dä Boor, dat der singe jet ganz Besondersch wör, vill mieh wäät wie all die Kossbarkeite em Lade. Ha, do üvverschlog der Goldschmid, wie hä si Schöfge en et Drüge bränge künnt. Dä Boor woodt engelade, de Naach bei im ze verbränge. Hä kräg der Desch gedeck un beim beste Wing och genog glatte Wööt, wat hä för ne got geledde Gass wör! Wie hä dann eine em Kiddel hatt un engeschlofe wor, trok im dä schlaue Goldschmid singe Ring vum Finger, nohm em Lade ne einfache Goldreif un daut im dä an die Plaats, un dä Boor hatt nix vun däm Tuusch gemerk.

Am Morge leet hä däm Gass kein Rauh, bes dat dä opgestande wor un sich op der Wäg maht. Subal hä us dem Bleckfeld wor, leef der Goldschmid en sing Stuvv, laht der Rigel op de Döör un maht de Finsterläde zo. Dann driehten hä dä Wunschring an singem Finger un reef laut: »Ich well tireck hundertdausend Daler han!« Kaum wor dä Wunsch usgesproche, fing et an, Geld ze rähne, wie wann et us Emmere am schödde wör. Op Kopp, Scholdere un Ärme schlogen däm Undaug de Geldstöcker, un dat dät verdammp wieh! Hä brollt vun Ping, ävver kei Minsch braht im Hölp. Hä kom nit mieh en et Freie. Jo, et eß ald e groß Unglöck, wenn der Sähn esu knöppeldeck kütt! Unger däm Mann broch der Boddem zesamme, un hä feel met all singem Geld en der Keller. Sing Hundertdausend wore noch lang nit voll, un vun däm Radau kom de Nohberschaff gelaufe un fung der Goldschmid begrave unger all singem Richdum. Jet späder komen och de Verwandte, för ze deile, wat ze erve wor.

Derwiel ging der Boor glöcklich heim un verzallt singer Frau vum Adler un vum Wunschring: »Leevge, jetz kann uns nix mieh passiere. Mer han uns Glöck gemaht un welle zesamme got üvverläge, wat mer bruche.« Die Frau woss Rot: »Loß mer uns doch noch ene Acker bei uns Stöck Land wünsche. Mer han ze winnig för uns Uskumme.« »Dat wör secher der Möh wäät«, saht ehre

Mann un üvverschlog, wie lang se sich för neu Ackerland kromm läge mööte. Wie ei Johr verledde wor, hatten se met dubbelter Kraff de Grosche zesamme, för e Stöck Land ze kaufe, wat en de eige Boorschaff erenreckte. Der Ring hatten se nit gebruch, un se frauten sich wie Kinder, dat se ehre Wunsch noch frei hatte.

Jetz daach die Frau an en Koh un e Päd, un dä Boor leet et Geld en der Botzetäsch klimpere un woss längs, dat et och ohne däm Ring sing Hölp fluppe künnt, met Ärmeschmalz un Fließ. Noh nem Johr hatten se dat Veh em Stall. Dofför hatten se sich och genog geplog! »Mer han mieh Glöck wie Verstand«, wor der Boor am strunze, ävver sing Frau verlangte, hä sollt endlich dä Wunschring driehe. »Ich kenne dich nit mieh widder«, saht sei un wor am rechene, wievill Geld se han künnte, ohne sich noch groß anzestrenge. »Loß ding Kieverei, mer künne doch zofridde sin, un wer weiß, wat noch kütt«, dät ehre Mann se tüsche. Eines Dags, su daach hä, wäde mer dä Wunschring noch nüdig han. Su wor Rauh em Huus, un mer sohch Johr för Johr, wat se allein met ehre Häng schaffe kunnte. De Schör wor voll Koon, Obs un Wing woren em Keller, Fleisch un Woosch em Räuches, et dät inne nix fähle. Se soßen ovends vör der Döör, satt un huh zefredde, un größte fründlich de Nohbere un Arbeitslück, die lanskome.

De Johre vergingke, un metunger maht de Boorefrau ehrem Mann noch Vörschläg, wat mer sich wünsche künnt. Dä gov kaum Antwoot, un dröm wor och dä Fraulücksverzäll flöck vergesse. Späder, su noh dressig ov veezig Johr, woren se allebeids alt un gries. Der Wunsch hatten se noch frei, un der Herrgott en singer Gnad leet se eines Naaks zesamme sillig enschlofe. Su ne schöne Dut dät sich secher jeder wünsche.

Kinder un Enkelcher stundten öm de Dudelade eröm, wore better am kriesche, un der ältste Son saht: »Loß mer dem Vatter singe golde Ring met en et Grav gevve, wo hä si Levve lang e Geheimnis dröm gemaht hät. Et weed wal en Andenke an uns Mutter sin, us ehre jung Johre, wo die Zwei noch am pussiere wore.«

Su woodt der ahle Boor met singem Wunschring begrave, un dä hatt im vill Glöck gebraht. Mer süht dran: e schlääch Dinge en goder Hand ess besser wie e got Dinge en schläächter!

Hätze us Glas

Et gitt Minsche, die han e Hätz us Glas. Wann mer höösch dran tupp, klingk et wie e fing Klöckelche, wie us Selver, su zaat. Ävver wann einer im ene Knupp gitt, dann zerbrich et, dat verdrät et nit, denkt dran!

Et wor ens e Künningspaar, dat hatt drei Dööchter, un die Mädcher hatte Hätze us Glas. Dröm saht de Künnigin: »Kinder, passt got op! Ühr Hätze sin leich ze breche.« Un die Weechter verstundten ehr Mamm un versprochen, op ehr Hätzger aachzegevve.

Eines Dags laht sich et Älts üvver en Mor un sohch erav en der schöne Blomegade. Do woren de Beie öm de Blöte am schwevve un de Fifaldere, un de Luff wor söß un schwer. Do dröckten dat Mädche op si Hätz – un »ping-pingeling« zersprung et, un dat Kind feel öm un wor dut.

Jet späder drunk et zweite Dööchterche en Tass Kaffe, die vill ze heiß wor. Widder hoot mer dä finge Klang, wie wann e Wingglas zerspringk, un och dat Kind feel wie dut öm. De Mutter en ehrer Angs un Nut hovv it op un besohch sich gründlich dat schlappe Körperche. Nä, ehr Kind wor nit dut, si Hätz hatt ene Sprung kräge, ävver et heel noch! Der Künning un sing Frau üvverlahte, wat se no met der Doochter anfange künnte. Mer mööt mieh wie söns op se oppasse, denn met nem Sprung em Hätze wör dat jung Levve flöck vörbei. Doch et Prinzessge saht:

»Loht mich stell gewäde un maht üch kein Sorg. Metunger hält dat, wat ene leichte Sprung hät, noch lang genog.«

Derwiel wor och de drette Doochter groß wode un esu schön un got, dobei klog, dat vun alle Sigge de Prinze angereis kome, för dat Brückche met heim ze nemme. Ävver der ahle Künning hatt genog metgemaht un saht ihrlich: »Ich han nor noch die ein Doochter, die noch keine Sprung em Glashätz hät. Wann ich die einem gevve, muss dat ene Künning sin, dä och vun Berof Glaser ess un met su ner zerbrechlige War ömgonn kann.« Doch wie se och op Reihe stundte, all die staatse fürßlige Häre, et wor keine drunger, dä zoglich och Glaser gelihrt hätt. Se kunnten all widder avreise.

Em Schloss bei de Künnings wor ene brave Edeljung. Wann dä noch dreimol der Doochter de Schlepp gedrage hatt, dorf hä sich »Edelmann« nenne. Wann dat su wick wör, wöödt dä ahle Künning im gratuliere un sage: »Jung, do häss ding Saach got gemaht! Zom Dank bess do jetz Edelmann. Do kanns gonn!« Beim eeschte Schleppedrage sohch hä, dat de jüngste Prinzessin nen opräächte un stolze Gang hatt. Beim zweite Mol meinten dat Mädche: »Loß ens flöck die Schlepp falle un gevv mer ding Hand! Ich muss de Trapp eropkumme. Ävver maach et ganz wie nen echte Prinz, wie et sich för en Künningsdoochter gehöt.« Do merkten hä, wat se för en klein wieße Hand hatt, un och dat Mädche merkte jet – ävver dat weed später eesch verrode. Wie dä Edeljung et drette Mol de Schlepp drog, driehten it sich öm un fraut sich: »Wie got do mer dä finge Stoff hivvs. Su hät mich noch keiner am Hoff geleit!« Do daach dä Jung met Hätzkloppe, wat it doch för en gebildte Sproch hatt, ech wie en Künnigin! Su wor hä no endlich Edelmann, un mem Dank vum ahle Künning sollt hä zefredde sin un gonn.

De Künningsdoochter stundt an der Gadepooz un sohch bedröv us dä schön Auge. Se sproch in an: »Schad, leeve Jung, dat do keine Glaser bess un domet och keine

Künning wäde kanns. Dat dät ich mer mieh wie all dat andere wünsche, wat e Mädche för de Zokunf han mööch.« Hä frogte, ov it dann op in wade künnt, domet hä si Bess dun un lihre wöll, för im zo Deenste ze sin. Et Prinzessge dät nicke, un hä maht sich op der Wäg bei ne Glaser.

Hä frogte der Meister, ov hä ene Lihrjung bruche künnt. »Secher dat«, saht dä un besohch sich däm junge Mann sing starke Ärme. »Ävver do muss vier Johr bei uns blieve. Em eeschte Johr kannsde Brütcher holle un der Frau Meisterin de Puute höde, em zweite Johr de Retze met Kitt zoschmirre, un em drette weed Glas geschnedde. Wann do dann em vierte Lihrjohr allein Schieve ensetze kanns, dann wees do och Meister.«

Do frogte in dä Jung, ov hä nit vun hinge anfange künnt, dat ging doch vill flöcker! Nix do – der Meister leet sich nit dozweschebubbele. De Gedanke vum Lihrjung leefe vörop, bei dat söß Künningskind, un su hollten hä em eeschte Johr de Brütcher, dät de Pänz wäsche, kämme un got behöde. Se hatten tireck Fründschaff met im geschlosse un woren brav. Em zweite Johr hatt hä genog Retze zozeschmirre, dat im de Zick wie em Draum verging, em drette kunnt hä Glas schnigge un ensetze, un em vierte woodt hä Meister. Hä trok widder sing Edelmannspluute an, saht adschüss un üvverlaht sich, wie hä jetz noch Künning wäde künnt.

Wie hä su en Gedanke versunke üvver de Stroß ging, der Kopp deef gebeug un de Paveistein am zälle, kom ene Fremde eran un frogte in, ov hä jet verlore hätt. »Nä, ich ben am söke, wat för ene Wäg ich enschlage muss, för Künning ze wäde«, verzallt dä Jung, un dat hä et ald bes zom Glasermeister geschaff hätt. Ov dä Fremde nit wöss, wie mer an e Künningsrich köm? Dä gov zor Antwoot, ne Glaser wöödt em ganze Land gesook, weil de Doochter vum Künning ene Mann han mööt, womügelich eine met Häng, weich wie Sammet, die och der Doochter gefalle sollte. Glaser wören ere genog ze finge. Die hätten ävver all had Arbeitshäng, wie mer dat vun Handwerkslück gewennt wör – un et Dööchterche hätt ganz eige Vörstellunge vun Männerhäng! Alsu wör keine Freier ze sinn. Der Künning hatt sich durch der Kopp gonn loße, et mööt nit unbedingk ene Künning sin, hä wöll nit ze vill verlange.

Wie der junge Edelmann dat hoot, gov et kei Halde mieh! Hä leef nohm Schloss, verzallt dem Künning vun singe Lihrjohre als Glaser, un wie gähn hä et Dööchterche hierode un im ene gode Mann sin wöll. Do leet der Künning si Mädche rofe. Ov im dä junge Mann gefeel? It hatt tireck Hätzkloppe, erkannt in widder un saht, hä mööt sing Händsche eesch ganit usdun, et wöss genau, dat dä Freier ganz zaate Häng hätt, fing wie Seid! Dat hatt et domols gespoot, wie hä it de Trapp erop geleit hatt. Su kom no et gode Engk. Dä Här met dä weiche Fingere nohm si Brückche en aach, un als Glasermeister broht hä och nit enzegriefe, weil nix kapottging.

De zweite Schwester, die ald ene Sprung em Hätze hatt, woodt de Tant vun de Künningskinder, verhaftig de beste Tant vun der Welt! Dat sahten ehr die Kleine, un der junge Künning un sing schön Frau sohche glöcklich de Famillich waaße. Alle Lück em Land wossen et: de Tant am Hoff wor leev un gedöldig met de Kinder. Se maht dä Püütcher Freud met Bildcher, die se mole dät, holf inne beim Lese un Schrieve un verzallt de schönste Märcher. Wann e Kind fließig geüb hatt, gov et vun der Tant ne Luhn. Wor ävver ei fuul un hatt schlääch gelihrt, dät se it am Ohrläppche trecke: »Sag ens, Künningskind, muss ich dir e Jüvge gevve? Wat soll späder ens us dir wäde?« Dann däten die Pänz se foppe: »Kü-Kü-Künning, dat welle mer wäde.« »Künning, met zwei Eselsohre?« dät de Tant se vexiere.

Su läävten se löstig un fruh all zesamme, un och de zweite Prinzessin woodt steinalt, un dobei hatt ehr Hätz doch ene Sprung. Wann sich einer drüvver wundere dät, laachte se bloß un verzallt: »Wat en der Jugend ene

Sprung kritt un nit tireck en Stöcker platz, dat kann noch lang halde!« Dat ess wohr. Ming Mamm hatt och en alt Sahnedöppche, wieß, met klein Blömcher besiet, dat hatt ene Sprung, sulang ich denke kann. Et hält noch. Zickdäm sin esu vill Sahnedöppcher gekauf wode, dat ich se nit mieh zälle kann, ävver dat ahle, do hange mer ganz besonders dran!

Dat Vügelche

Ne Mann un en Frau wonnten en nem nette kleine Huus, un zom Glöck dät inne nix fähle. Hingerm Huus wor ne Gade met schön ahl Bäum. Die Frau trok sich do selde Blome un Planze. Do hatt se ävver och e Hängche för!

Eines Dags ging dä Mann em Gade jet spaziere un fraut sich, wie kösslich dä Döff vun Blome un Blöte wor. »Nä, wat ben ich doch ene glöcklich verhierote Mann, un ming Frau ess Gold wäät!« Su daach hä un bubbelte vör sich hin. Eikall ze halde wor en Eigenaat vun im. Do merkten hä, dat sich vör singe Föß jet am bewäge wor. Hä böckten sich erav un fung e Vügelche. Wor dat us dem Ness gefalle? Et hatt kaum Flögelcher, un sing Feddere wore mieh wie Fluum. Zaat nohm dä Mann dat Dierche en sing große Häng, besohch sich dat Körperche un reef sing Frau: »Leevge, ich han ene kleine Vugel gefunge. Ich gläuve, dat ess en Nachtigall!« »Leeve Mann, wie soll dann en Nachtigall en unse Gade kumme? Mer han doch kei Ness vun ahle!« gov die Frau im Antwoot. Se woss ald Bescheid, wobei se noch nit hingesinn hatt. »Do kanns dich drop verloße, et ess ere ein, ich han se ovends ald ens schlage gehoot«, saht fründlich dä Mann, »un wann se ens groß ess, die klein Sängerin he en minger Hand, dann wäde mer zesamme ehr Leedcher höre un uns dran freue.« Ävver sing Frau, an nem Streckstrump am frößele un de Masche am zälle, sohch widder nit op un saht bloß: »Et ess ere kein, ich weiß et!« »Doch, jetz sinn ich et ganz genau«, dä Mann heel sich dat Vügelche bes an de Nas. Do kom si Leevge eran un laachte: »Do jecken Doll, dat ess en Mösch! Die kennt doch jeder.« »Wat? Ich künnt kein Mösch vun ner Nachtigall ungerscheide? Als Jung han ich en Schmetterlingssammlung gehatt un genog us der Nator studiert.« Su saht jetz dä Mann un kräg rut Backe vör Wot. »Leeve Mann, hät dann en Nachtigall su ne decke Kopp un ne breide Schnabel?« frogten gedöldig die Frau. »Su sinn ganz gewöhnlige Mösche us, wann se klein sin.« Ävver dä Mann bestundt op singem Rääch. »Räg dich nit op un hör doch, wie dat Vügelche piepsch«, woll die Frau im klormaache. »Piepsche dun klein Nachtigalle och!« hoot hä nit hin un wor stocksoor.

Su ging dat Spillche wigger, un se zänkten sich wie zwei Kesselflecker. Wie dann dä Mann noch en der Schobbe ging un met nem Vugelskäfig widderkom, schlog der Frau de Stemm üvver: »Dä kütt mer nit en de got Stuvv! Ich han doch kein Mösche nüdig.« »Do katzig Wiev«, schannt der Mann un daach, jetz sollt se doch ens merke, wer he der Här em Huus wör! Hä stallt dat Vugelsställche op der Desch, medden op de wieße Spreit, un leef em Gade Seckomeier söke, för dat Vügelche ze födere. Dat froß im us der Hand un leet et sich schmecke.

Beim Ovendesse hung der Hussähn noch scheif. Mann un Frau soßen am Desch, jeder allein an singer Eck, un sproche kei Woot mieh metenander.

Morgens fröh kom die Frau an däm Mann si Bett un saht bedröv: »Leevge, do bess gester jet ärg unfründlich gewäß. Ich han mer dä Vugel noch ens us der Nöh besinn, et eß bloß en Mösch. Loß mer se doch flege loße.« »Bliev do mer vun minger Nachtigall!« reef wödig dä Mann, un dann trok hä sich an un gov singer Frau nit ens ne Bleck, der ganzen Dag nit. Su ging dat zwei Woche lang, un mem Fridden em Huus wor et vörbei. Die Frau wor am kriesche, wann se nit am knottere wor. Dat

Vügelche ävver fohlt sich doheim. Et woodt größer un größer bei all dä Leckereie, die im dä Mann braht, un bahl hatt et si Fedderkleid un woll flege lihre. Et höppten em Käfig eröm, plosterte sing Feddercher op, schöddelte sich un wor am piepsche wie e verloße Kind. Jedesmol, wenn se dat hoot, fohlt die Frau en Ping em Hätze. Die ärm weld Mösch, künnt se doch de Freiheit finge!

Eines Dags soß die Frau allein en der Stuvv un hatt Trone en de Auge. Se daach drüvver noh, wie se noch vör e paar Woche glöcklich un zefredde gelääv hatt met ehrem gode Mann. Wägen su nem Kackvügelche wor no de Freud vergange. Verdammp, dat wor die Saach nit wäät! Se sprung op, maht dat Pöözge vum Käfig op un leet dat Vügelche erushöppe. Dat flaasterte wie nix an et Finster un en der Gade. Glichdrop kom der Mann heim, un die Frau saht ängslich un leis: »Et ess jet Schlemmes passiert – de Katz hät dat Vügelche gefresse.« »Dat ess gestunke un geloge, uns Katz friss keine Vugel us dem Käfig!« Dä Mann stundt wie vum Donner getroffe un woodt blass. »Do häss ming Nachtigall fottgeloße, do schlääch Frauminsch! Dat hätt ich nie vun dir gedaach. No well ich för immer un iewig nix mieh met dir ze dun han!« Sei sohch jetz och Trone en singe Auge, un do dät et ehr leid, dat Unrääch. Dröm rannt se en der Gade, för dat Dierche widder enzefange.

Do soß et unger nem Baum, höppte dann vun Beet zo Beet, un die Frau en ehrer Opprägung hingerdren. Se zertrot ehr Blome, wo se sich su vill Möh met gegovve hatt, ävver dat wor ehr jetz egal. Endlich, noh ner halv Stund, hatt se dat Dierche gefange, kom hinger Odem, krallrut em Geseech un met verwäultem Hor en de Stuvv un saht met Hätzfladdere: »He, leeve Mann, ich han ding Nachtigall widder erengebraht. Loß mer uns doch widder verdrage!« Zom eeschte Mol sohch hä si Fräuche widder fründlich an. Se wor jo singe Augestän, die got Huusfrau, un esu nett un brav wie fröher. Hä nohm dat Vügelche deech vör sing Nas, schöddelten dann der Kopp un reef:

»Wie kann sich der Minsch esu verdun! Mädche, do hatts rääch, et ess bloß en klein gewöhnlige Mösch!« »Och, leeve Mann, ich ben mer jetz secher: et ess en Nachtigall. Wo hatt ich bloß ming Auge!« »Komm ens ganz noh bei mich, et ess en einfache Mösch«, saht dä Mann un nohm ehr Häng. Hä gov ehr e Bützge un laachte: »Die gehöt en der Gade. Mer sin doch zwei ahl Jecke, wägen su nem ärmsillige Dierche noch Zänk un Strick anzefange.« Die Frau daut sich an de Sick vum strenge Huushär un saht, dä Vugel künnt su lang em Käfig setze, wie et im gefalle dät, un dann künnt in och de Katz nit fresse. »Wenn hä groß ess, loße mer in zesamme flege.« Se woren sich endlich widder einig.

Un wat künne mer us däm Märche lihre? Wann einer ene Vugel fängk un gläuv, dat wör en Nachtigall, die im der ganzen Dag de schönste Leedcher singk, dann saht nie, et wör bloß en Mösch! Söns ess hä engeschnapp. Späder merk hä et noch fröh genog vun selvs.

Et Wettrenne zweschen dem Has un dem Igel

Dat Verzällche he klingk wie geloge, ehr Fetze, ävver wohr ess et doch, un ald mi Großvatter, vun däm ich et kenne, dät luuter, wann hä dat Kreppche zom beste gov, sage: »Wohr muss et sin, söns künnt ich et doch gar nit verzälle.« Alsu passt op, su hät et sich avgespillt.

Et wor ens an nem Sonndagsmorge em Hervs, wie grad der Bochweize am blöhe wor, us däm mer fröher der leckere Bochweizepannekoche maache dät. De Sonn wor als golde Kugel am Himmel opgegange. Der Morgewind strech üvver de Stoppele, Livverlingcher klommen en de Hüh un woren am singe, de Beie brummten üvver der Bochweize, un de Lück gingen en ehrem Bessbövversch en de Kirch. Jederein wor got gesennt, och der Igel, dä se off Swinegel nannte.

Der Igel stundt vör singer Döör, hatt de Ärme üvvereneingeschlage un sohch en der Morgewind eren. Dobei dät hä e Leedche fläute, su rääch un schlääch, wie et ene Igel des Sonndagsmorgens fläute kann. Dobei feel im en, hä künnt doch en der Zick, bes sing Frau de Kinder gewäsche un angedon hätt, jet em Feld spaziere gonn un ens lore, wie sing Steckröbe stündte. Die wohßen noh bei singem Hüsge, un hä un sing ganze Famillich däten sich dran vermaache, un doröm saht hä och, et wören *sing* Steckröbe. Hä maht höösch de Huusdöör hinger sich zo un schrömte loss. Noch nit wick gekumme, woll hä grad an däm Schlihebösch, dä vör dem Feld stundt, elans, do begähnten im der Has. Dä wor op Rett, för noh singem Kappes ze lore. Der Igel saht im fründlich gode Morge, ävver der Has, dä sich ärg vörnähm vörkom, gov nit ens Antwoot. Hä vertrok et Geseech un frogte vun bovven erav: »Wie kütt et dann, dat do ald esu fröh em Feld erömläufs?« »Ich gonn spaziere«, saht der Igel, un der Has wor am laache: »Spaziere? Ich meine, do künnts ding Bein för bessere Gelägenheite bruche.« Die Antwoot maht der Igel ärg verdreeßlich. Söns, dat weiß mer, liet hä sich jo vill gefalle, ävver op sing Bein, die vun Nator us jet kromm sin, liet hä nix kumme! »Bildt der bloß nit en, dat do met dinge Bein besser bedeent wörs«, saht der Igel. Der Has worf der Kopp en der Nacke: »Dat well ich meine!« Ävver der Igel gov nit klein bei: »Dat welle mer ens versöke. Ich halde jeden Ensatz: Wenn mir zwei öm de Wett laufe, flitzen ich an dir vörbei!« Der Has saht: »Do met dinge scheif Beincher? Dat ich nit laache! Ävver vun mir us, mir soll et egal sin. Öm wat wedde mer?« Der Igel hatt et ald bedaach: »Öm ene golde Daler un en Fläsch Schabau.« »Enverstande!« saht der Has. Hä wor sich singer Saach secher: »Vun mir us kann et tireck loss gonn!« Ävver der Igel meinte: »No krig dich en! Ich maache niemols ene Wettlauf op der Nööchter. Eesch gonn ich heim un well en Rauh fröhstöcke. En ner halv Stund stonn ich parat.« Der Has wor es zefredde, un der Igel maht sich op de Bein.

Ungerwägs daach hä drüvver noh, wie hä der Has drankrige künnt. Dä bildt sich en, jet Bessers ze sin wie mir, dä domme Käl. Doför soll hä jetz ens an et Bezahle kumme! Wie der Igel heimkom, saht hä för sing Frau: »Igelinche, loß all dinge Brassel stonn un lige, treck dich an! Ich bruche ding Hölp.« Die Frau woss nit, wat passiert wor, un frogte: »Häss de jet an de Gäng?« Doch ehre Mann verzallt ehr, wat hä sich usgedaach hatt: »Ich han met dem Has öm ene golde Daler un en Fläsch Schabau gewett, dat ich e Wettrenne gägen in gewenne, un do, Frau, muss dobei sin.« »Och do leever Gott! Bess de üvvergeschnapp? Wie kanns do dir en der Kopp setze, do künnts flöcker laufe wie der Has?« reef sing brav Huusfrau. Der Igel ävver woodt jet grov: »Halt de Mul un loß dat ming Sorg sin! Misch dich nit en Männersaache, wat versteihs do dann ald dovun?« Se sollt sich zaue, nit lang mieh froge un sich üvverrasche loße. Wat kunnt se maache? Se dät dat, wat se sollt, ävver der Kopp moot se doch drüvver schöddele.

Wie se metenein om Wäg wore, besproch der Igel met singer Frau, wie et laufe sollt: »No pass op! Do hinge op däm lange Acker welle mer unse Wettlauf maache. Der Has soll en einer un ich en der ander Furch renne, un vun bovve fange mer an ze laufe. Do häss wigger nix ze dun, wie dich he unge en der Furch hinzeducke, un wenn der Has op der ander Sick erankütt, röfs do im entgäge: Ich ben ald do! Ess dat klor?«

Domet woren se am Feld angekumme, un der Igel wes singer Frau ehr Plaats an un ging dä Acker erop, wo der Has ald parat stundt. Dä frogte: »Kann et lossgonn?« »Vun mir us«, saht der Igel, un jederein stallt sich en sing Furch. Der Has zallt: »Eine, zwei, drei«, un dann ging et Renne wie der Wind an däm Feld erav. Der Igel leef bloß drei Schrett, dann böckte hä sich en der Furch nidder un blevv stell setze. Wie dä Has em volle Lauf unge ankom, reef dem Igel sing Frau: »Ich ben ald do!« Der Has wor ganz verbasert. Hä woss nit, wat hä dovun halde sollt. Hä moot jo meine, et wör der Igel, dä dat reef. Et weiß jo jeder, dat en Igelsfrau genau esu ussüht wie ehre Mann. Der Has kunnt nor usrofe: »Dat kann nit wohr sin! Noch ens gelaufe!« Hä driehte sich eröm, un fott wor hä, dat im bahl de Löffele vum Kopp floge. Dem Igel sing Frau ävver blevv räuhig setze, wo se wor. Wie no der Has widder bovven ankom, reef im der Igel entgäge: »Ich ben ald do!« Der Has, uußer sich vör Iefer, brollt: »Noch ens gelaufe, widder eröm!« »Mir soll dat rääch sin, su off, wie do et wells«, saht der Igel drüch, un su leef der Has dreiunsibbenzig mol, un der Igel heel dat us. Jedesmol, wenn der Has bovven ov unge ankom, hoot hä: »Ich ben ald do!« Beim vierunsibbenzigste Mol ävver kom der Has nit mieh bes an et Engk, wobei der Igel nit ens hinger Odem wor. Der Has blevv dut om Acker lige. Et Blot leef im noch us dem Hals.

Der Igel ävver un sing Frau nohmen der Wettgewenn, dat Goldstöck un die Fläsch Schabau, met heim un wore zefredde. Die Frau hatt jo en öntlich Deil met verdeent, esu lang en der Furch ze hocke. Die zwei woren ärg vergnög, un wenn se nit gestorve sin, dann levven se noch hück.

Jo, su wor dat Stöckelche met däm Has un däm Igel, die op der Buxtehuder Heid ens öm de Wett gelaufe sin, wobei sich dä Has dutgerannt hät. Zick där Zick hät et sich keine Has mieh enfalle loße, met nem Igel öm de Wett ze renne!

Wat ess för uns de Lihr us däm Märche? Zoeesch, dat sich kei Minsch esu vörnähm vörkumme sollt, sich üvver ene kleine Mann löstig ze maache, selvs wann et bloß ene Igel wör! Un zom Zweite: dat einer got berode ess, sich en Frau ze söke us singem eige Stamm, die esu ussüht wie hä selvs. Wer alsu ne Igel ess, muß drop oppasse, dat die Frau, die hä nimmp, och ene Igel ess.

Die drei Huhzicksgäss

Et woren ens drei Hoffhüng, die heelten got Nohberschaff un stochen off de Köpp zesamme. Se verzallten sich, wat et an Neuigkeite em Dörp gov. No sollt en große Boorehuhzick sin, un vun noh un fähn woodt jeder engelade, alt un jung, dä Bein hatt för hinzelaufe un met ze fiere. Et woodt su vill gekoch un gebacke, gebröötsch un gebrode, dat der Döff durch et ganze Dörp trok. Die drei Hüng soßen zesamme un woren am schnuve. Dobei üvverlahten se, wie se op die Huhzick laufe un sich do erenfusche künnte, för jet Leckers metzekrige. Ävver nit alle drei op eimol, dat feel op! Alsu: einer nohm andere, schön der Reih noh.

Der eeschte trok loss, schlech sich nohm Huhzickshoff en et Schlaachtes, schnappten sich jiehlich e groß Stöck Fleisch un woll sich domet höösch durch de Lappe maache, ävver se krägten in beim Schlavittche un goven im ne gewaldige Balg Wachs met op der Wäg. Dat Stöck Fleisch ressen se im och us de Zäng. Su kom hä met schwatzem Hunger un schwer verkamesölt zoröck op der Hoff bei sing Nohbere. Die woren ald benäut dröm, gewahr ze wäde, wat et göv, un frogte: »No, wie wor et? Hät et dir gefalle?« Ävver dä Hungk dät sich schamme, met der Wohrheit eruszekumme. Dann moot hä jo zogevve, dat hä op der Huhzick bloß en Porzijon schärf gesalze Schluffezupp metkräge hatt, un saht: »Et wor ald esu! Ävver et ess der schwer jet loss! Mer muss hatt un weich verdrage künne!«

Wie sing Kamerade dat hoote, meinten se, op der Huhzick wören se ald met aller Kraff am esse un drinke, un et dät mieh wie genog för sei avfalle, hatt un weich, Fleisch un Knoche. Tireck jöckten der zweite Hungk loss, en lang Sprüng, un wie hä beim Huhzickshuus ankom, flutschten hä en de Köch un schnappte, wat hä krige kunnt. Ävver hä hatt noch nit der Rögge gedriht, do hatten se in ald gesinn un im ne Pott heiß Wasser üvver der

Balg geschott. Hä wor am dämpe wie ene Pudel, dä se fresch gebadt han. Wie hä op heim an leef un im de Trone vör Ping en de Auge stundte, verbess hä singe Schmätz un leet sich nix anmerke. Om Hoff däten sing Fründe jo tireck froge: »Wie hät et dir gefalle?« un hä saht, wie der eeschte Hungk: »Et wor ald esu! Ävver mer kütt flöck en de Hetz. Mer muss kalt un wärm verdrage künne!«

Do daach der drette Hungk, de Huhzicksgäss wöre grad ze Zog, sich der Buch vollzeschlage mem beste Esse, ens wärm, ens kalt. Hä mööt sich zaue, et wör secher ald de hühkste Zick. Hä woll winnigstens zom Nohdesch dobei sin, wenn der fingste Koche opgedesch wödt. Ävver kaum wor hä em Huus angekumme un hatt de Nas durch de Döör gestoche, do kräg in einer ze packe, paaschte singe Stätz zwesche Döör un Angel, dat hä nit tirre gonn kunnt, un kloppte op im eröm, wie wann hä ne Gerver wör, dä si Fell windelweich schlage mööt. Hä heelt sich dran, bes dat unsen ärme Hungk, dä vör Ping bahl raderdoll wor, esu trok, dat hä Huck un Hoor em Ress leet un sich met nackigem Stätz en Secherheit braht. Op heim an! Dat wor singe einzige Gedanke, un wie hä am Hoff ankom, üvverfeelen in die andere tireck met der Frog: »Wie wor et? Hät et dir gefalle?« Dat ärm Hungsdier trok singe bläcke Stätz zweschen sing Bein, su got et ging, dat in keiner söhch, un saht: »Et wor ald esu! Do wor der reinste Fastelovend, un mer kunnt och genog erve. Ävver wer op su ner Boorehuhzick methalde well, muss och Hoore loße künne! «

Die drei Hüng hatten no alle Grund, noch lang dran ze denke, wie got inne die Huhzickszupp, die Huhzicksbröh un der Huhzickskoche geschmeck hatte. Se hatten alle drei de Nas voll, un vum Brode hatt jederein genog geroche.

Su kütt et, dat mer op ner Boorehuhzick selden ens ene Hoffhungk ze sinn kritt. Vun de Fessgäss weed hä, suvill ich weiß, och nie vermess.

Der Has un der Fuss

Ene Has un ene Fuss woren ens metenein ungerwägs. Et wor medden em Winter, kei grön Krückche wor ze finge, un om Feld kroff kein Muus un kein Luus. »Wat ess dat för e hungerig Wedder«, saht dä Fuss för dä Has, »do trick sich einem jo et Gedärms em Liev zesamme!« »Stemmp«, saht dä Has, »üvverall eß Nixdörp, un ich mööch ald rack ming eige Löffele fresse, wann ich se met der Mul ze schnappe kräg.«

Su dötzten se, met Schless wie selde, immer der Nas noh. Do sohchen se vun wiggem e Booreweech kumme, dat drog ene Korv en der Hand, su en Strühkabass, un us däm Korv kom denne zwei ne leckere Döff entgäge, ne Döff vun fresche Brütcher. »Weißde ens jet wat?« saht do dä Fuss, »läg dich de Längde lang op der Wäg un stell dich dut. Dann liet dat Weech singe Korv stonn, för dich opzehevve un dir dann dinge Pelz avtrecke ze loße. Do weiß doch, Hasepelze gevve wärm Händsche. Hinger däm Mädche singem Rögge schnappe ich mer derwiel dann dä Korv met dä Brütcher, un mir han jet för zweschen de Zäng.«

Dä Has hatt och kein besser Idee, leet sich falle un stallt sich dut. Dä Fuss duckte sich hinger ne Hüvvel vun Schnei, dä der Wind zesammegedrevve hatt. Un wie dat Mädche erankom, stallt dat verhaftig singe Korv us de Häng un böckte sich üvver dä Has. Do flutschte dä Fuss hinger singem Hüvvel erus, hatt tireck dä Korv en singer Mul un maht sich us de Föß. Kaum hatt dä Has dat metkräge, wor hä widder aläät un jöckte hinger singem Wandergesell dren. Ävver, wat wor dat? Dä blevv üvverhaup nit mieh stonn un maht kein Anstalte, die Brütcher ze deile. Et sohch esu us, wie wann hä se allein verkimmele wöll, als Bewies för dä Satz, dat beim Fresse de beste Fründschaff ophöt. Dat nohm im dä Has verdammp üvvel, ävver hä saht nix. Eesch wie se e Stöck wigger en de Nöh vun nem kleine Weiher kome, reef dä Has: »Hör ens, solle mer uns nit noch e paar Fesch besorge? Dann ha'mer Fesch un Wießbrut, wie de bessere Häre. Do bruchs bloß dinge decke Stätz en et Wasser ze hange, dann bieße bestemmp e paar Fesch an. Die han jetz och nit vill ze fresse. Do kanns se dann einfach erustrecke. Zau dich ävver, domet mer fädig sin, eh dat der Weiher zogefrore ess.«

Dat leet dä Fuss sich gefalle. Im leef ald der Seiver en der Mul zesamme, wann hä an die lecker Mohlzick daach. Hä satz sich an dä Weiher, dä grad anfing, zozefriere, stippten singe Stätz en et Wasser un wor op der eeschte Fesch am wade. Ävver et do'te nit lang, do wor däm Fuss singe Stätz fassgefrore. Do packten sich dä Has dä Korv un froß en aller Sielerauh die Brütcher op, ein nohm andere, un dä Fuss moot zolore, hä kunnt nix maache. De Auge feelen im bahl us dem Kopp. Dann saht dä Has för dä Fuss: »Jetz bruchs de bloß ze wade, bes dat et Fröhjohr kütt!« Un domet maht hä sich durch de Kod. Dä Fuss ävver bellten hinger im dren, wie ene wödige Hungk, dä an der Kett litt.

Frau Holle

En ärm Wittfrau hatt zwei Dööchter: die ein wor schön un fließig, die ander potthässlich un dobei fuul. Ävver wie et esu geiht em Levve, hatt de Mutter ehr fuul Krabitz vill leever wie dat fließig Kind. Dat moot de ganze Arbeit allein dun un sohch dobei us wie en Zubbelsmatant. Dat Mädche woodt jeden Dag an de Stroß, noh bei nem Pötz, gesatz un sollt do spenne, bes dat im et Blot us de Fingere leef. Eimol wor de Spol widder ganz rut vun däm Levvenssaff, un dat Weech böckte sich an der Brunne un woll sing Häng avwäsche. Dobei feel im die Spol us de Fingere un wor, platschdig, em Wasser versunke. Dat Mädche kresch un leef heim. Jetz well ich verrode, dat de Huusfrau bloß däm Kind sing Steefmo wor – dat hässlich Blag wor ehr eige, un dat nett Mädche, dat brav un gedöldig Schof, wor nit geledde. Wie it no vun singem Unglöck verzallt, fing de Mo an ze schänge, wie wann ehr et Huus avgebrannt wör: »Do häss ding Spol verlore, dann süch zo, wie se widder erop kütt!« Dat Mädche rannt en singer Nut an der Brunne zeröck un sprung eren. Dobei hatt it de Besennung verlore, un wie it widder zo sich kom, log it op ner Blomewies met dausende vun bungkte Blome, un de Sonn dät vum Himmel erav schinge.

E Stöckelche wigger stundt medden op der Wies ene Backovve. Do hoot dat Mädche, wie dobenne et Brut reef: »Treck mich erus, treck mich erus! Ich ben längs gar gebacke!« E lang Brutbrett stundt parat, un dat Weech nohm nohenander alle Brude erus. Kei vun inne wor verbrannt.

Jet wigger sohch it ene Appelbaum, voll behange met decke rut Äppel. Die reefen laut: »Schöddel uns erav, schöddel uns erav! Mer sin längs rief!« Do packten dat Arbeitsmädche dä Baumstamm un wor am röddele un schöddele, dat de Äppel eravrähnte, bes ere keine mieh om Baum wor. Dat Mädche, an Odenung gewennt, laht se all op eine Haufe un ging wigger. Jet späder kom it an e Huus, un en ahl Frau hing em Finster. Die hatt su en große Raafzäng, dat et Mädche Angs kräg un laufegonn woll. Ävver die Frau reef fründlich: »Wat verschrecks do dich dann esu? Ich dun der nix zoleid. Komm, bliev bei mer un helf mer bei der Huusarbeit, dann soll et der he gotgonn. Do muss ävver oppasse, dat mi Bettzüg öntlich durchgeschöddelt weed. Dann flegen de Feddere, un op

der Äd schneit et. Ich ben de Frau Holle!« Die sproch esu leev un nett, dat et Mädche kein Angs mieh hatt un die Deensstell gähn antrot. It dät de Arbeit pünklich, sauber un got. De Bedder woodten geschöddelt, dat de Daunefeddere nor esu durch de Gägend floge un et op der Äd öntlich schneie kunnt. Doför hatt dat Mädche jetz e wunderbar Levve bei der Frau Holle. Et Esse wor lecker, un mer hoot kei kott Woot zweschen der Huusfrau un ehrer Hölp. Wie dat Mädche ald en ganze Zick en Deens wor, woodt it luuter bedrövter, un it hatt Heimwieh. Wann et im he och vill besser ging wie doheim, woll it doch widder bei sing Lück. De Frau Holle hatt Verständnis doför un saht, et wör nit schlääch, wann ene Minsch heim wöll, un weil it esu treu un fließig sing Flich gedon hätt, woll sei it selvs noh bovve bränge. Se nohm dat Mädche bei der Hand un braht it an de große Pooz. Die ging op, un wie dat Weech grad drunger stundt, kom ene Goldrähn op it erav un blevv an im hange, su dat it üvver un üvver domet bedeck wor. »Dat soll dinge Luhn sin för all dinge Fließ!« De Frau Holle gov im met dä Wööt sing Spol zoröck, die en der Pötz gefalle wor. Dann ging et wie vun allein: de Pooz wor zo, un et Mädche stundt bovven op der Äd, noh beim Huus vun singer Steefmutter. Wie it en der Hoff kom, soß der Hahn om Brunnerand un krihte laut: »Kikeriki, uns golde Jüfferche ess widder hie!« – Jo, su klingk en Hahnestemm, un ußerdäm ess dat wie e Rümche, Kikeriki un hie. – Dat Mädche kom op de Huusdöör an, un weil it esu voll vun Gold wor, dat einem de Äugelcher dovun üvvergingke, woodt et vun Mutter un Schwester hätzlich begröß.

Jetz verzallt et all dat, wat im begähnt wor, un wie de Steefmo hoot, wie flöck mer an Richdum kumme kann, woll se ehrer fuul Doochter och su e Glöck günne. Dat Minsch moot sich an der Brunne setze för ze spenne, un domet och die Spol widder blodig woodt, greff et met der Hand en de Dööner un stoch sich de Fingere wund. Dann leet et sing Spol en der Pötz falle un sprung tireck hingerdren. Su kom et, wie si Schwester, och op die Blomewies un ging om selve Wäg bes an der heiße Backovve, wo et Brut ald am schreie wor: »Treck mich erus, treck mich erus! Ich ben ald lang gar!« Ävver dat fuul Mädche saht bloß: »Dat dät mer grad noch fähle, mer he ming Pute ze verbrenne.« Dann worf et der Kopp en der Nacke, dat äklig Blag, un kom an der Appelbaum. Et hoot genau, wie och die Äppel zweimol reefe, se wöre längs rief. Et sollt se avplöcke. It ävver saht: »Wellt ehr mer am Engk noch op der Kopp falle?« un ging wigger. Vörm Huus vun der Frau Holle angekumme, hatt it kein Angs, weil de Schwester jo ald vun dä große Zäng verzallt hatt. Dat Mädche frogten alsu noh Arbeit un gov sich de eeschte zwei Dag Möh, för et all rääch ze maache, wobei it an dat ville Gold daach, wat mer als Luhn kräg. Ne Dag drop, do wor der gode Welle vergesse un, fuul wie doheim, woll dat Weech morgens nit opstonn. Der Frau Holle ehr Fedderbett woodt nit usgeschöddelt, un et gov op der Äd keine Schnei. Su hatt de Huusfrau Grund för ze schänge, un em Rüppche wor de Deensmäd ehr Arbeit quitt. Dat wor im ganz rääch, un et daach, jetz köm der Heimwäg met nem gehörige Goldrähn. De Frau Holle braht it bes an die große Pooz, un wie et drunger stundt, sohch et ene Kessel drüvverhange. »Dat soll dinge Luhn sin«, saht die Frau, un dä Kessel kippte noh vörre un schott klütteschwatze Bröh üvver dat fuul Mädche, Pech un Täär, satt un genog! Et hatt kein Zick mieh, sich noch ens ömzelore: die Pooz wor zo. Wie dat fuul Stöck endlich heim kom, krihte widder der Hahn vör der Döör: »Kikeriki! Uns pechschwatz Jüfferche ess widder hie!« Dat Pech ävver blevv an däm Mädche hange, si ganz Levve lang, un wat it och versook, dat Dreckszüg ging nie mieh av!

Deschelche deck dich, Goldesel un Knöppel us dem Sack

Vör Zigge läävten ens ne Schnieder, dä hatt drei Sön un bloß en einzige Geiß. Dat Dier gov Milch genog för se all zesamme. Ävver doröm moot et alledags erus op de Weid gebraht wäde, för et Bess an Foder ze fresse. De Sön hatten die Flich, reihöm met der Hipp en et Gröns ze trecke, ov inne dat gefeel udder nit.

Der Ältste leef met däm Dier op der Kirchhoff. Do wore fing Krückcher ze finge, un die Geiß kunnt erömspringe, ohne einer ze störe. Se froß an einem Stöck, un wie et ovends Zick wor, för heimzegonn, frogten dä Jung: »Geiß, bessde satt?« Do hoot hä de Antwoot: »Ich ben esu satt, ich mag kei Blatt mieh! Mäh, mäh.« Do saht dä Jung: »Dann well ich dich heimbränge«, packten dat Dier am Seil, braht et en der Stall un bung et an.

Der ahle Schnieder wor ärg op sing Geiß bedaach un woll genau wesse: »No, Jung, hät se genog Foder kräge?« Dä saht zefredde: »Jo, Vatter. Die ess esu satt, die mag kei Blatt mieh.« Wie ävver der Huushär en der Stall kom un dat Veh strichele dät, frogten hä leev: »Geiß, bessde satt?« Die fing an ze meckere un gov zor Antwoot:

»Wovun soll ich satt sin?
Ich sprung om Kirchhof üvver mänch Grav
un ruppte kei einzig Blättchen av,
mäh, mäh.«

Der Schnieder daach, dat en Hipp, die hungere muss, bahl keine Droppe Milch mieh göv. Hä reef singe Son un dät in anbrölle: »Do verzälls mir, die Geiß wör satt, un dobei hatt se nix ze fresse!« Hä ress de Ell vun der Wand, gov singem Ältste Klöpp un jagten in am Huus erus.

Dags drop wor der Zweite an der Reih. Dä braht die Geiß en de Nöh vun der Gadeheck, wo ehr et saftig Foder bahl en de Mul eren wohß. Die Hipp wor am käue, dat se die Heck bahl ratzekahl avfroß. Wie de Sonn gägen Ovend ungerging, frogte der zweite Son: »Geiß, bessde satt?«, un die reef: »Ich ben esu satt, ich mag kei Blatt mieh.« Do han ich fies Glöck gehatt, daach dä Jung, braht se en der Stall un bung se an. Der Vatter kom un frogte in: »Ess uns Hipp hück ens satt?« Do saht dä Jung: »Vatter, do kenns mich doch! Die kritt kei einzig Blatt mieh erav, su satt, wie se ess!« Hä sohch singem Vatter ihrlich en de Auge. Dä leef widder en der Stall un hoot dat Dier meckere. Hä dät se jet ungerm Hippebäätche krabbele un frogte: »Geiß, bessde satt?« Ävver die reef:

»Wovun soll ich satt sin?
Ich sprung de Heck erop, erav
un ress nit ens ei Blättchen av,
mäh, mäh.«

Der Schnieder reef singe Jung: »Do Ravenoos, wie kannsde su lege!« Dann schlog hä och singe zweite Son wödig am Dürpel erus.

De Reih kom no an der Drette. Dä nohm sich vör, die Saach besondersch got ze maache. Hä drunk jo och am leevste die fette Hippemilch! Beim schönste Wedder, medden em Bösch, leet hä dat Dier laufe un sich am fresche Gröns voll fresse. Wie et Zick woodt, för heimzetrecke, frogte hä: »Geiß, bessde och satt?« Die Frog hätt dä Jung sich spare künne. Se reef: »Ich ben esu satt, ich mag kei Blatt mieh, mäh, mäh.« Got, daach der Drette, dann ben ich lans Schmitz Backes, der Vatter weed zefredde sin. Hä braht dat Dier en singe Stall, bung it an un fraut sich op singe Fierovend. Der Vatter ging en der Stall un frogte widder: »Geiß, bessde hück satt?«, weil hä singem drette Jung och nix gläuve dät. Dä hatt gesaht, et ging kei einzig Hälmche mieh en die verfresse Geiß. Em Stall hoot die Geiß dä Schnieder froge, un mer wessen ald, wat jetz kom:

»Wovun soll ich satt sin?
Ich sprung em Bösch durch Bärm vun Lauv,
en all däm drüge Krom,
wo ich kei einzig Blatt vun nohm,
mäh, mäh.«

Der Schnieder daach en singer Wot: Wat han ich mer drei fuul Sön erangetrocke! Hä woss nit mieh, wat hä dät, hä wor ganz vun de Penn. Singem ärme drette Jung schlog hä met der Ell der Rögge schwatz un blau, bes dat dä Son Hals üvver Kopp us dem Huus leef, erus en de wigge Welt.

Jetz wor dä ahle Mann met singer Geiß allein. Am andere Morge ging hä en der Stall, kloppte däm Dier leev der Rögge un saht: »Komm, mi Dierche, ich well dich jetz selvs op de Weid bränge.« Hä nohm se am Streck un braht se en de grön Hegge, wo se all dat fung, wat Hippe gähn fresse. Dä Mann wor am verzälle: »Jetz kannsde noh Hätzensloss satt wäde, vun mir us bes zom Ovend.« Hä nohm sich Zick, bes dat se saht: »Ich ben esu satt, ich mag kei Blatt mieh, mäh, mäh!« Ävver wie se widder en der Stall kome un hä frogte: »Geiß, bessde satt?«, hoot hä se genau esu wie söns meckere:

»Wovun soll ich satt sin?
Ich sprung nor jet üvver der Grave
un en de Hegge un froß kei einzig Blättche,
mäh, mäh. «

Do woodt et däm Vatter klor, dat hä sing drei got Sön ohne Grund vermöbelt hatt un dat die Junge kein Schold trof. Hä reef: »Wadt av, do undankbar Bies, do widderlich Freese! Dich bloß fottzejage, dat wör vill ze winnig. Ich wäden dich esu strofe, dat do dich unger ihrbare Schnieder nit mieh blecke loße kanns!« Hä rannt en sing Stuvv, nohm et Baatmetz, dät der Geiß der Kopp enseife un se glatt rasiere, esu glatt wie sing Hand. Sing Ell wor im ze schad, för die Geiß ze strofe, un hä nohm de Schmeck un gov däm Veh su vill Ress, dat et en große Sprüng us dem Stall renne dät, wie vun alle got Geister verloße – un dobei noch ohne Baat!

Och Gott, do soß der Schnieder jetz allein doheim un hatt e ganz schlääch Gewesse: wie wor hä met singe drei Junge ömgesprunge! Hä wor bedröv un hätt gähn gewoss, wo se hingerode wore.

Der Ältste wor bei nem Schringer en de Lihr kumme, dät sing Arbeit fließig un hatt Spass dran. Su woodt hä bahl Gesell, un wie sing Zick eröm wor un hä op Wanderschaff gonn woll, schenkte im der Meister e Deschelche, wat noh nix ussohch. Et wor us ganz gewöhnligem Holz, ävver et hatt en got Eigenschaff: wer sich hinstallt un reef: »Deschelche, deck dich!«, dä fung op eimol ene Desch, wo en wieße Spreit drop log, die met Kümp un Schottele un dem beste Esse gedeck wor, su lecker un fing, wie mer et sich kaum vörstelle kunnt. Vollbelade wor dä Desch met Zaus, Gemös, freschem Brut un alle Zoote Fleisch un Brode, dobei e groß Glas blänkige rude Wing, dat einem et Hätz vör Freud laachte! Der Gesell kunnt nor noch struddele: »Danke, Meister«, un dann trok hä en de Welt erus. Üvverall wor singe gedeckte Desch parat, un wann im em Weetshuus nit gefeel, wat de Köch ze beeden hatt, kunnt hä sich selvs versorge. Dä Desch wor och noch leich, un dä Jung dät en beim Drage om Rögge nit spöre. Späder daach der Wandersmann off an si Vatter. Met däm Deschelche deck dich dät dä singe Son secher gähn widder opnemme.

Om Heimwäg kom dä Jung an e Weetshuus, dobenne Gäss, haufewies. Die reefen, hä sollt sich bei se setze. Am Engk wör en der Köch keine Vörrot mieh. Doch dä Jung saht: »Leev Lück, ich well üch he doch nit die paar Brocke fottesse! Ehr sollt ming Gäss sin.« Die woren am laache: sollten se veräppelt wäde? Ävver do stallt dä Jung singe kleine Desch op, medden en der Gassstuvv, un reef dat Zauberwoot: »Deschelche, deck dich!« Em selve

Momang stundt dä Desch voll met Schlemmereie, dat dä Döff de Lück rösig maht. Su en fing Plaate un voll Kümp hätt inne keine Weet eranbränge künne! Dä Jung reef: »Grieft zo, Fründe! Loht et üch schmecke!« Dat hatt hä keinem Dauv gefläut. Hä sohch, wie se sich all met Metzer un Fingere dran gove, un wor ein Kump leddig, stundt en neu Zoot vum Fingste vör inne. Der Weet kom eran, wor am staune un daach sich, su ne Köchemeister künnt hä got bruche. Der Schringer un sing Gäss däten sich vermaache un wore löstig bes en de Naach eren, dann vertrok sich jeder buchsatt en sing Lappekess. Och dä Jung ging nohm Bett un stallt si Deschelche an de Wand. Der Weet wor am rechene, wat dat Dinge im enbränge künnt. Hä leef en sing Pröttelsstuvv un braht ene kleine Holzdesch eran, dä sohch genau esu us wie däm Gass der singe – dä Ömtuusch feel nit op.

Am andere Morge dät dä Schringer si Schlofgeld bezahle, nohm sich dat Deschelche op de Scholder un kom gar nit op dä Gedanke, dat hä nit si Deschelche deck dich am schleife wör. Gäge Meddag kom hä heim bei si Vatter, un dä fraut sich, in widderzesinn: »Leeve Jung, wo küss do herr?« Dä verzallt, hä wör vun Berof Schringer gewode. Der Vatter schung zefredde: »Dat ess e got Handwerk, ävver wat hässde vun dinger Wanderschaff metgebraht?« Dä Jung saht stolz: »Et Bess, wat ich kräge han, ess he dat Deschelche.« Der Schnieder dät et sich vun alle Sigge belore un saht: »Dodran hässde ävver nit di Meisterstöck gemaht. Dat ess en alt un schlääch Dinge.« Ävver singe Son dät laache: »Vatter, dat ess e Deschelche deck dich! Wenn ich im dat sage un et hinstelle, egal wo, dann stonn op der Stell de beste Saache drop un Wing dobei, för et Hätz ze freue. Ehr künnt tireck all uns Verwandte un Fründe enlade – dat Deschelche mäht se satt!« Wie se all gekumme wore un parat soße, stallt hä dat Deschelche en de Medde un reef: »Deschelche, deck dich!« Ävver om Desch dät sich nix. Kein Spreit log drop, kei Esse wor ze finge, un de Gäss mooten hungrig bes unger de Ärme widder heimgonn. Do merkte dä ärme Gesell, dat im einer dat Deschelche vertuusch hatt, un hä schampten sich. Hä woll doch nit als Lügpitter en Verrof gerode! Der Vatter maht im kein Vörwörf. Hä woss jo selvs, wie flöck mer en e schlääch Leech gerode kann. Die Saach met der Hipp wor im Lihr genog gewäß. Hä satz sich op singe Schniedersdesch un maht wigger sing Nieherei. Singen Ältste fung widder Arbeit bei nem Meister.

Singe zweite Son wor bei nem Müller en der Lihr. Wie sing Johre verledde wore, gov im singe Bruthär zom Dank för all sing got Arbeit ene Esel un saht: »Dat Dier trick keine Wage un drät och kein Säck! Dat hät en besondere Eigenaat«, un dä Jung frogte: »Wozo soll et mer dann nötze?« Der Meister versproch: »Dat Dier speit Gold! Wann do it op e Doch stells un röfs ›Bricklebrit‹, dann rähnt et däm vun vörre un hinge Goldstöcker us dem Liev!« Der Meister trok dat Dier am Stätz un reef dä Sproch, maht däm Gesell dat Spillche vör, un dä wor glöcklich, esu rich ze wäde. Stolz trok hä en de Welt erus, un üvverall, wo hä hin kom, wor im et Döörste grad got genog. Wann hä Gold nüdig hatt, reef hä bloß »Bricklebrit«, un et wor Goldstöcker am rähne, dat hä mem Ophevve kaum nohkom. Wie hä sich en Zick lang en der Welt ömgesinn hatt, daach hä an der Vatter. Wann hä met däm Goldesel anköm, wör dä fruh un hätt sing Wot vergesse.

Su kom hä och an däm Weetshuus vörbei, wo dä Weet singe Broder em Rüppche öm singe Luhn gebraht hatt. Dä Weet stundt en der Pooz un kom eran, för im dä Esel avzenemme un em Stall anzebinge. Ävver dä junge Poosch saht: »Gitt Üch kein Möh! Mi Graudier bingen ich selvs an. Ich muss wesse, wo dat em Stall steiht.« Nojo, daach dä Weet, ene Mann, dä sich selvs öm si Dier kömmert, hät secher nix an de Föß. An däm wäden ich kaum jet verdeene. Wie ävver dä Gass en de Täsch greff, zwei Goldstöcker erus trok un reef, hä sollt im jet Gots opdesche, do maht dä Weet große Auge un meinten, hä leef besorge, wat dä Jung sich wünsche dät. Noh der Mohlzick frogte dä Jung, wat hä bezahle mööt. Dä Weet woll dubbelt anschrieve, wie hä dat esu off ald gedon hatt, un saht, e paar Goldstöcker mööt dä Gass noch dropläge. Dä Gesell greff en de Täsch, ävver si Gold wor grad am Engk. Hä saht: »Här Weet, wadt ene Momang, ich well gonn un Gold holle«, wobei hä et Deschdoch met sich nohm. Dä Weet woss nit, wat dat bedügge sollt. Hä schlech hinger singem Gass dren un sohch grad noch, wie dä de Stallpooz zomaht. Su lunkte dä luse Weet durch en Assloch. Dä Jung laht dat Doch unger singe Esel un reef: »Bricklebrit!«, un em Augenbleck fing dat Graudier an, vun hingen un vörre Goldstöcker ze werfe, dat et öntlich op de Äd eravrähnte. Dä Weet, ganz verbasert, reef: »Zackerjü!« Su ene Geldbüggel wör nit schlääch! Der Gass kom sing Zech bezahle un laht sich schlofe. Ävver dä Weet schlech sich en der Naach erav en der Stall, braht dä Goldesel fott un bung an die Stell ene andere, ne ganz gewöhnlige Esel. Met däm trok am Morge dä Gesell op heim an un daach, et wör singe brave Goldesel, dä in rich maache sollt un der Vatter bovvendren.

Dä Ahl fraut sich, wie hä singe Jung widdersohch: »Wat ess us dir gewode, Jung?«, un dä saht fründlich: »Ene Müller, Vatter.« Dann sollt hä verzälle, ov hä jet vun der Wanderschaff met heim gebraht hätt, un hä stallt singe Esel vör. Dem Vatter wör en neu Geiß leever gewäß, un dat saht hä och: »Wat solle mer met nem Esel? Die gitt et he genog.« Singe Son dät im ävver verzälle, wat der singe, dä hä als Luhn kräge hatt, kunnt: »Vatter, dat ess ene Goldesel, dä Üch un all die Lück, die mer eranrofe, rich mäht. Wenn ich bloß dat Woot ›Bricklebrit‹ usspreche, speit dat Dier uns e ganz Doch voll Goldstöcker. Loht de Verwandtschaff rofe, denne gevve mer met, wat se bruche.« Däm Schnieder kom dat grad rääch. Hä daach an sing Arbeit, wo hä sich nit länger met

ze ploge hätt, un reef de Verwandte eran. Dä Jung leet se zesammekumme, braht singe Esel en de Stuvv, dät e Doch drungerläge un reef: »Passt jetz all got op!« Dann saht hä dat Zauberwoot »Bricklebrit«, ävver wat do eravfeel, wore kein Goldstöcker, enä: dä Esel hatt inne jet gedr… Do maht dä ärme Müllergesell e lang Geseech. Wie wor hä doch bedroge wode! De Verwandte leefen esu ärm heim wie se gekumme wore; däm Jung wor dat mieh wie schlemm, un si Vatter moot sich widder an sing gewennte Arbeit gevve. Singe Son sook sich en neu Stell bei nem Müller.

Der drette Son hatt e Handwerk angefange, wat ald mieh »Kuns« wor: hä woll Drechsler wäde, wo mer op Kölsch och villeich Aaßemächer ov Stellmächer för sage künnt. Et wor e kumpliziert Arbeide, un de Lihr dät dröm och länger dore wie die vun de Bröder. Die hatten Zick genog, im ze schrieve, wat inne Schlemmes passiert wör un wie dä hingerlestige Weet se em letzte Augenbleck öm ehre verdeente Luhn gebraht hätt.

Wie unse Drechsler de Lihr geschaff hatt, op Wanderschaff gonn un si Kunshandwerk an der Mann bränge woll, schenkten im singe Meister ene Sack un saht: »Do häss brav ding Lihr gedon, un en däm Sack litt och noch ene Knöppel.« Do saht dä Jung: »Ene Sack kann ich got bruche, ävver wat soll ich met nem Knöppel?« Hä daach, dä wör im om Wäg nor en Lass. Der Meister dät im verrode, dat dä Knöppel im got Deenste dät, wenn im einer zo noh köm un im jet zeleid dät: »Dann bruchs de bloß ze rofe ›Knöppel us dem Sack!‹, un dä flüch erus un danz denne Hanake om Puckel eröm, dat se sich aach Dag lang nit mieh reppe un wäge künne, un dat höt eesch op, wenn do röfs: ›Knöppel, en der Sack!‹« Dat schung dem Gesell nit schlääch, un hä saht danke, hing sich dä Sack öm un maht sich fruhgemot op de Söck. Woll im ungerwägs ens einer an der Liev, dann reef hä singe Sproch, un der Knöppel dät singe Deens, och wenn e paar Mann kome un däm Jung an et Ledder wollte.

Ovends kom dä Gesell en däm Weetshuus an, wo sing Bröder esu bedroge un geliemp wode wore. Hä laht singe Sack op der Desch un verzallt, wat im all op der Wanderschaff begähnt wör. Hä saht: »Jo, et passieren alledags de dollste Saache. Do fingk mer e Deschelche deck dich, ne Goldesel – ävver dat ess all nix gägen dä Schatz he en mingem Sack! Do han ich schwer för gearbeit.« Dä Weet dät ald de Ohre spetze. Wat mooch dann en däm Sack sin? Am Engk Edelstein? Dä möööt mer doch bellig an sich bränge künne. Wie dann de Schlofenszick kom, laht sich singe Gass op de Bank un trok singe Sack wie e Kösse unger singe Kopp. Höösch kom dä Weet geschleche, trok ganz leis an däm Sack, ävver dä junge Drechsler hatt do ald drop gewad: »Knöppel us dem Sack!«, su reef hä laut, un dä sprung erus wie der Düvel, schlog dä Weet grön un blau un hoot nit op, bes dat dä Mann halv kapott op de Äd sunk. Do saht dä Jung: »Wann do dat Deschelche deck dich un dä Goldesel nit erusgiss, geiht dat Dänzge he vun neuem loss!« Dä Weet wor am kriesche un am beddele: »Loß bloß dä Knöppel widder en der Sack kruffe! Ich well der erusgevve, wat ich mer genomme han!« Do leet dä Jung et got sin, reef: »Knöppel, en der Sack!« un gunnt im widder sing Rauh.

Am nöhkste Morge trok hä heim bei der Vatter, dat Deschelche om Rögge, dä Goldesel am Seil, un singe Knöppel em Sack. Der Schnieder hatt widder Freud ze vill, wie hä singe Son kumme sohch. Och dä Jung woodt gefrog, wat hä gelihrt hätt, un hä verzallt vun singem Kunshandwerk, hä wör ene Drechsler gewode. Der Vatter woll noch wesse, ov hä vun singer Wanderschaff och jet metgebraht hätt. Do saht dä Jung: »E ganz kossbar Stöck, Vatter, ene Knöppel em Sack.« Ävver dä Vatter wor verplex: »Ene Sack? Ene Knöppel? Dat soll der Möh wäät sin? Dä kannsde vun jedem Baum avhaue.« Ävver der Son dät im gähn verrode, wat et met däm Knöppel us dem Sack op sich hatt: »Domet han ich dä jaue Weet gezwunge, dat Deschelche un dä Esel widder eruszegevve, die hä minge Bröder stibitz hät! Roft ming Bröder un de Verwandte eran, dann künnen se esse, wat se welle, un sich ehr Täsche met Gold fölle.« Der ahle Schnieder dät däm Brode nit traue, doch de Verwandte kome gelaufe. Do laht der Drechsler e Doch op der Boddem, braht der Goldesel en de Stuvv un saht för singe Broder: »No, leeve Broder, sprech met im!« Do reef dä Müller: »Bricklebrit!«, un em selve Momang sprungen de Goldstöcker wie ene Platzrähn op dat Doch, un dä Esel hoot nit op, bes dat se all su vill hatte, wie se drage kunnte. Secher wört ihr och gähn dobeigewäß, ess et nit esu? Dann braht der Drechsler dat Deschelche an un reef singem Broder zo, hä sollt dat Zauberwoot spreche. Kaum hatt der Schringer et gesaht, dat »Deschelche deck dich!«, do woodt en Mohlzick gehalde wie noch nie. Bes en de Naach eren blevven de Verwandte bei inne un hatte Spass ze vill.

Der Schnieder ävver laht sing Arbeit opsick, schmess Gaan, Zween un Bügelieser met der Ell en et Schaaf un dät met singe drei Sön et Levve geneeße.

Jetz bliev noch en Frog: Wo wor die Geiß hingekumme, wägen där dä ahle Schnieder sing Junge us dem Huus gejag hatt?

Dat well ich üch noch verzälle.

Dat Dier dät sich esu schamme met singem bläcke Kopp, dat it en ene Fussbau leef un sich do verstoch. Wie dä Fuss dann heimkom, sohch hä e paar Auge, die in anfunkele däte. Hä wor ze Dut verschreck un leef en der Bösch zeröck. Do begähnten im ene große Bär, dä sohch im an, dat jet loss wor: »Broder Fuss, wat ess dann? Wat mähsde för e dröv Geseech?« Dä Fuss, dä Rude, wie se in nannte, verzallt däm Bär, dat e furchbar Dier en singer

Höhl söß un in met Auge wie Föör angesinn hätt. Dä Bär, nit bang, saht: »Dat wäde mer flöck erusdrieve, dat Dier. Verloß dich drop!« Wie hä ävver am Fussbau angekumme wor un erengeschnäuv hatt, sohch hä dat Bies dren setze wie der Düvel selvs. Domet woll hä nix ze dun han! Hä nohm sing Bärebein ›en de Häng‹, wie mer bei Minsche säht, ging laufe un trof dobei e Bienche. Dat frogte: »Sag, Bär, wo ess ding Löstigkeit geblevve? Geiht et dir nit got?« Dä Bär blevv stonn, sohch sich öm un saht: »Do häss got schwade. Em Huus vum Fuss, unsem Rude, sitz e schlemm Dier, un dat künne mer och zesamme nit erusjage.« Die Bien saht drop, se däten ehr ärg leid. Jo, se wör e schwaach Dierche, wat se söns nit ansöhche, ävver jetz künnt se inne helfe. Se flog en die Höhl vum Fuss, satz sich op der Geiß ehre glatte nackige Kopp un stoch esu dren, dat die met lautem »Mäh, mäh!« opsprung un wie doll en de Welt erusleef. Wohin? Dat weiß kei Minsch, un et hät se och keiner widdergesinn. Ich och nit! Hatt ihr ald ens en Hipp ohne Baat un met ner Pläät gesinn? Nä? Sagen ich doch!

Der starke Schäng

Et wor ens ne Mann un sing Frau, die wonnten wick fott vun de Nohbere en nem deefe Dal. Se hatten e Jüngelche, ehr einzig Kind, et Schängche, wo se vill Freud dran hatte.

Eimol ging de Mutter met im en der Bösch, wo se Dänneholz sammele woll, för der Ovve ze stoche. Der kleine Schäng, grad zwei Johr alt, höppten öm se eröm. Wat wor dat för ene schöne Fröhjohrschdag! Dat Kind hatt Spass an all dä bungkte Blömcher, un de Mamm leef met im wick en der Wald eren, för däm Kälche vill ze zeige. En däm Bösch trofen se kei Minsch.

Ävver op eimol sprungen zwei Mannslück op de Mutter an – et wore Räubere, die sei am Ärm resse, dat Jüngelche mettroke un se allebeids su flöck en der schwatzdunkle Wald brahte, dat se nit mieh wosse, wo se no wore. Die ärm Frau wor en ehrer Nut am beddele, se sollten sei un ehr Kind freiloße, un se zidderte am ganze Liev. De Räubere ävver hatten Hätze us Stein un drevven se met Gewalt vöran. Durch Strüch un spetze Dööner mooten se sich bahl zwei Stund durchbrassele, bes dat se an ene Felse kome. Do wor sugar en Pooz. De Räubere kloppten dogäge, un die Pooz ging op. Se komen en ene lange düstere Gang un hinge en de große Höhl. E Häädfföör gov jet Leech un zeigten inne an de Wäng en Waffesammlung, met Schwääter, Zabele un ander Saache, för Minsche ömzebränge. En der Medde am große Holzdesch soßen vier Räubere beim Kaatespill, un am Koppengk stundt jetz der Haupmann op, sproch die Frau an un nohm ehr jet vun ehrer Dudsangs: »Kutt eran, Frau, mer dun Üch nix!« Hä saht, wenn se sich öm der Huushalt kömmere wöll, künnt et esu schlemm nit wäde. Hä reef, mer sollt däm ärm Minsch un singem Püütche jet ze esse bränge, zeigten ehr e Bett, wo se met däm kleine Schäng schlofe künnt, un dä wor esu möd, dat im bahl de Äugelcher zofeele. Jo, klein Pänz han metunger och nit su vill Angs wie de Große, un dat ess ald got esu!

Johrelang blevv die Mutter mem Schängche en der Räuberhöhl, dät ehr Arbeit got, un ze esse gov mer inne och genog. Et Schängche hoot gähn zo, wenn de Mamm us nem ahle Ritterboch vörlos, wat se en der Höhl gefunge hatt. Koot drop kunnt dat Jüngelche ald lese. Wie der Schäng nüng Johr alt wor, feel et op: us däm wöödt ens ne große starke Poosch. Hä maht sich us Dänneholz, us nem decken Ass, ene Knöppel un verstoch dä hingerm Bett. Dann leef hä bei sing Mutter un verlangte: »Verzäll mer, wer mi Vatter ess, ich muss dat wesse.« Ävver de Mutter gov kein Antwoot. Se daach, ehre Jung kräg dann Heimwieh, un se woss och, dat de Räuberband se niemols freigevve dät. Ehr dät et Hätz wieh, als wenn et zerspringe wöll.

En der Naach, wie dat Räuberpack vun singem Raubzog heimkom, hollten der Schäng singe Knöppel hingerm Bett erus, stallt sich vör der Haupmann un reef: »Ich well jetz op der Stell wesse, wer mi Vatter ess, söns schlonn ich dich en Grund un Boddem!« Dä Haupmann moot laache un gov däm Panz e Wamännche, dat hä bes unger der Desch flog. Hä hatt im nit wieh gedon. Der Schäng kom widder op de Bein, heel de Mul un nohm sich vör, ei Johr ze wade un et dann noch ens ze versöke.

Dä Knöppel hatten se im nit avgenomme, un wie dat Johr eröm wor, hollten hä in widder erus, blees jet Stöpp dovun un saht: »Do bess ene düchtige Knöppel! Op dich kann ich mich verloße.« Des Ovends komen de Räubere spät heim un goven sich an et Suffe un Strunze. Wie se all besoffe wore, leeten se de Köpp op de Deschplaat sinke. Der Schäng, nit bang, stallt sich openeuts vör der Haupmann: »Wer ess mi Vatter? Su, Här Haupmann, jetz ävver Botter bei de Fesch, söns geiht et Üch schlääch!« Anplaats vun ner Antwoot kräg der Schäng en Fimm vör de Steen, dat hä unger der Desch tirvelte. Ävver em Momang stundt hä widder op de Föß un schlog met däm Knöppel op die ganze Bagasch en, dat selvs der Haupmann sich nit mieh reppe un wäge kunnt. Dem Schäng sing Mutter stundt derwiel en ner Hött un dät Mul un Nas opstippe. Jung, wat hatt ehre Schäng ene Mot un wat hatt hä en de Maue! Dä reef: »Mamm, et ess mer äns. Ich well wesse, wer mi Vatter ess!« Sei saht: »Leeve Schäng, mer gonn laufe un söken esu lang, bes dat mer en gefunge han.« Domet wor ehre Son zefredde. Der Haupmann, noch nit widder bei Besennung, merkte nit, wie die Frau im der Schlössel vun der Pooz avnohm. Der Schäng, nit fuul, packten sich ene große Mählsack un stoppten dä voll Gold, Selver un allerhands schön Saache, die hä en der Höhl fung, worf en sich üvver de Scholder, un em Rüppche woren se drusse un rannten en der Wald. Drusse kom der Schäng us dem Staune nit erus. Dagsleech, Sonnesching, de Vügel am zwitschere: hä maht e Geseech, wie wann hä nit gescheit wör. Dat hatt hä jo ald aach Johr nit mieh gesinn!

Sing Mutter hatt flöck der Heimwäg gefunge. Glöcklich kom se met dem starke Schäng en ehr grön Dal zoröck, sohch ehr Hüsge, un vör der Döör soß der Vatter. Längs hatt hä Frau un Kind för dut gehalde, un jetz fing hä vör Freud an ze kriesche. Der Schäng wor, su verzällt uns dat Märche, jetz zwölf Johr alt un ene staatse Jung gewode, bahl ene Kopp größer wie der Vatter. En der Stuvv stallt hä dä schwere Sack op de Ovvenbank, dat et ganze Hüsge an ze ziddere fing. Der Foßboddem broch en, un dä Sack rötschten en der Keller, met der schwer Lass. Der Vatter wor verschreck un reef: »Der Herrgott mööch uns schötze! Jetz hässde uns Hüsge kapottgemaht!« Ävver der Schäng saht, hä sollt sich kein gries Hoor drüvver waaße loße. Hä verzallt im, en däm Sack wör mieh wie genog för e neu Huus, un se goven sich tireck dran, e neu Huus ze baue. Dann woodt Veh angeschaff, dobei e groß Stöck Land, un ehr Boorschaff leef esu got, dat se nix ze kühme hatte. Selvs de Ooße brohten der Plog nit mieh ze trecke. Dat dät der starke Schäng, ohne hinger Odem ze kumme. Et wor Glöck un Zefreddenheit en der klein Famillich.

Em nöhkste Fröhjohr saht der Schäng: »Vatter, behaldt dat ganze Geld, sorgt got för de Mutter un loht mir bloß ene Spazierstock maache, ävver mindestens ene Zentner schwer. Ich well en de Welt erustrecke un versöke, do mi Glöck ze maache.« Wie dä schwere Stav fädig wor, leef dä Jung fott vun singem Vatterhuus un kom bahl en der deefste Wald eren, dä mer sich vörstelle kann. Do hoot hä jet, wie wann einer e drüch Wäschestöck uswringe dät, bloß vill lauter – un wie hä sich ömsohch, feel im ene Dännebaum op. Dä wor vun bovve bes unge wie e Seil zesammegedriht. Bovven en der Spetz soß ene riese Käl, dä hatt dä Baum gepack wie ne Korvmächer, dä sing

Wiggerote am binge eß. »Wat soll dat dann wäde?« frogten der Schäng erop un schott der Kopp. Dä Käl gov Antwoot: »Ich han gester der ganze Dag Stangeholz gesook, un jetz bruchen ich e Seil, för dä decke Bärm heimzeschleife.« Dat dät dem Schäng imponiere. Wat hatt dä Käl för en Kraff! Dröm saht hä: »Su eine wie dich kann ich bruche.« Un wigger: »Dat ess doch kein Arbeit för einer wie dich! Komm met un treck met mir en de Welt erus!« Dat leet sich dä Käl nit zweimol sage, klomm vum Baum erunder un stundt nevven dem Schäng, dä verbasert sohch, wat dat för ene Ries wor: dä wor jo noch ene Kopp größer wie hä selvs, un hä wor doch och ald nit grad klein. »Vun hück an solls do Dännedriher heiße«, saht der Schäng un gov im domet der räächte Name. Hä hatt jo et Regalt.

Wie se sich dann op der Wäg gemaht hatte, hooten se jet kloppe un hämmere. Se komen an en Felswand. Ne Ries stundt dovör un schlog met singer Fuus decke Steinbrocke us dem Felse, dat de Äd an ze bevve fing. Der Schäng frogte in, wat dat ze bedügge hätt. Dä Ries maht en Puus un verzallt, wenn hä naaks schlofe wöll, köme Bäre un Wölf un noch allerhands su e Kleinveh, för an im eröm ze schnuve un ze schnäuve, un leeten in nit schlofe. »Jetz well ich mer met dä Felsbrocke e Huus baue, domet ich endlich ming Rauh han!« Der Schäng daach noh: Zackerjü, dä künnt ich och noch bruche! Dann saht hä: »Komm, treck met uns en de Welt! Vergeß ding Plän un bliev bei uns. Mer wellen dich Felskraacher nenne.« Dat wor däm Ries rääch.

Die drei troken durch der Wald, un wo se hinkome, gingken sugar de weldste Diere tirre, wann se se vun fähns kumme sohche. Ovends komen die Männer an e alt Schloss, wo kei Minsch dren ze finge wor. Se klommen en der Rittersaal erop un lahten sich do schlofe. Morgens ging der Schäng erus, för sich de Gägend anzesinn. Der große Schlosspark wor verweldert. Üvverall stundt huh Gestrüpp. En Weldsau kom erangeschosse un fohr op der

Schäng an. Dä hatt singe zentnerschwere Spazierstock bei sich, domet schlog hä op dä Ferkeskopp. Eine Hau wor genog! Wie e leich Fedderbett worf hä sich dat Dier üvver de Scholder un drog et nohm Schloss en de Köch. Hä un sing Geselle hatten jetz genog Fleisch för drei Dag un däten sich dran vermaache, an däm leckere Broden am Spieß. Dobei woren se am plane, dat reihöm jeden Dag zwei vun inne op de Jag gonn sollte, un einer wör för der Köchedeens do, dä sollt för jeder nüng Pund Fleisch parat maache.

Am eeschte Dag blevv der Dännedriher doheim, stochte der Hääd un maht en deftige Mohlzick parat, un der Schäng leef mem Felskraacher jage. Wie der Dännedriher am Kochpott stundt, sohch hä op eimol en alt verschrumpelt Männche vör sich stonn, dat frogte, ov hä im nit e Stöck Fleisch gevve künnt. Ävver dä Mann reef: »Maach dich fott – he gitt et för dich nix ze erve!« Kaum hatt hä dat gesaht, sprung dat Zebingemännche an im huh un traktierte in met singe klein Füüs su lang un su hatt, dat der Dännedriher kaum noch noh Luff schnappe kunnt. Hä feel op de Äd, ävver dat Männche leet in eesch en Rauh, wie et sich de ganze Wot us dem Balg geschlage hatt. Wie die zwei andere vun der Jag kome, verzallt inne der Dännedriher nix. Se sollten selvs erlevve, wat för en Kratzböösch sich en et Schloss geschleche hatt. Ald wann hä dodran daach, hatt hä Spass.

Am nöhkste Dag hatt der Felskraacher Köchedeens. Och hä wor kniestig, wie dat Männche kom. Hä dät it fottwippe un kräg de Schrüpp, genau wie singe Vörgänger. Et winzig Männche hatt widder dropgeschlage wie Ferkeswellem un kein Stell an däm Mann usgeloße. Der Dännedriher woss ovends, wat de Klock geschlage hatt. Ävver dem Schäng däten se nit verzälle, wat et met däm Männche op sich hatt. Sollt dä doch selvs ens die Zupp uslöffele!

Koot un got: der starke Schäng stundt dagsdrop am Hääd, wor der Broden am wööze, de Bröh am avscheppe un der Schuum vun der Fleischzupp am fottschödde. Do trot dat Männche nevven in un verlangte ohne vill ze sage e deck Stöck Fleisch. Der Schäng daach: Dat Kälche ess ärm dran. Ich well im ene Andeil vun mingem Fleisch gevve, domet die andere nit ze koot kumme. Hä schnett im en öntlich Stöck av, ävver wie dä Zwerg dat gegesse hatt, woll hä noch ens su vill, un der Schäng, gotmödig wie hä wor, gov im och dat zweite Brodestöck. Ävver dä Klein wor immer noch nit zefridde. »Jetz weesde ävver unverschämp«, reef der Schäng un gov im nix mieh. Do woll dä nidderdrächtige Klein an im huhspringe, wie an singe zwei Geselle. Dat leet sich der Schäng nit gefalle. Hä gov im e paar düchtige Juve, ohne sich groß anzestrenge, su dat dä Zwerg de Schlosstrappe eravfeel. Der Schäng woll im nohlaufe, schlog lang hin, un wie hä sich widder opgeraaf hatt, wor dä Zwerg ald op der Wald angejöck. Der Schäng rannt im noh un sohch grad noch, wie dat Kälche en en Felshöhl erenflutschte.

Der Schäng hatt sich die Plaats got gemerk. Die zwei andere wunderten sich, wie se heimkome, woröm der Schäng su got gesennt wor. Hä verzallt inne, wat sich zogedrage hatt, un och sei kunnte nit länger de Mul halde. Der Schäng dät se uslaache un saht: »Et ess üch ganz rääch ergange. Woröm sid ehr och esu kniestig gewäß? Et ess en Schand, dat ehr zwei starke Käls üch vun nem Zwerg hatt verkamesöle loße.«

Die Drei nohme jetz ene Korv un e Seil un gingken an de Felshöhl, wo sich der Zwerg erengeflüch hatt. Der Schäng woodt em Korv am Seil eravgeloße un nohm singe Stav met. Wie hä om Grund angekumme wor, fung hä en Döör, die hä opmaht. Do soß e bildschön Jüfferche, esu schön, dat mer et nit beschrieve kann. Nevven im soß der Zwerg, un wie hä der Schäng sohch, gringte hä wie en Aap. Dat Mädche wor an Kette gebunge un sohch der Schäng ganz bedröv an. Däm Minsch moot geholfe wäde, un der Schäng ress singe Stav en de Hüh un schlog däm Zwerg esu fass op der Kopp, dat hä dut ömsunk.

Jetz feelen de Kette vun däm Mädche av, un der Schäng stundt vör im, wie wann hä nit gescheit wör. Su vill Schönheit op eimol hatt hä noch nie vör Auge gehatt. It verzallt im, dat et de Künningsdoochter wör, vun nem welde Graf us singer Heimat fottgehollt un he en der Felsehöhl gefange gehalde, weil it in nit hätt hierode welle. Der Zwerg sollt it bewaache un hatt im vill Nut un Leid angedon.

Der starke Schäng hovv dat Mädche op sing Ärme, braht it an der Korv un leet et eroptrecke. Dä Korv kom och widder erav, ävver der Schäng dät singe Geselle nit traue un daach: die han sich ald ens falsch gezeig un mir nix vun däm Zwerg verzallt. Wer weiß, wat die noch gäge mich vörhan! Hä laht singe Stav en der Korv, un dat wor si Glöck. Wie dä Korv halv en der Hüh wor, leeten se en falle. Dat wör singe sechere Dut gewäß, wann hä unge en dat deefe Loch gefalle wör. Wie sollt hä jetz widder noh bovve kumme? Hä fung keine Rot. Moot hä jetz he vör Hunger un Doosch ömkumme?

Wie hä su op un av ging, kom hä widder en dat Kämmerche, wo dat Mädche gesesse hatt, un hä merkte, dat dä Zwerg ene Ring am Finger hatt, e kossbar Stöck. Hä stoch en an, un wie hä en ömgedriht hatt, hoot hä op eimol üvver sich jet ruusche. Hä sohch en de Hüh, un do däten Luffgeister erömschwevve, die reefe, ov hä sich jet wünsche dät. Hä wör ehre Meister un künnt befelle. Der Schäng wor et eesch verbasert, ävver hä kräg sich flöck widder en un saht: »Ich mööch bloß noh bovve op de Äd. Mieh well ich gar nit. Brängt mich erop!« Leich wie en Fedder woodt hä gedrage, dat hä daach, hä künnt flege. Do bovve wor kei Minsch mieh ze sinn, un wie hä nohm Schloss kom, fung hä do och keiner. Sing Geselle hatten sich durch de Kod gemaht. Dat schön Mädche hatten se metgenomme.

Der Schäng drihten widder am Ring, un de Luffgeister wore zor Stell. Se verzallten dem Schäng, die zwei wöre met däm Jüfferche drussen om Meer. Der Schäng leef un leef, bes dat hä am Meeresstrand ankom. Wick om Wasser sohch hä klein e Scheffge, wo die Hanake dren soße. Wödig sprung hä en et Wasser un fing an ze schwemme. Hä hatt ävver singe schwere Stav noch en de Häng. Dat Holz trok in erav, dat hä bahl versoffe wör. Do drihten hä en letzter Minutt dä Ring, un em Rüppche komen de Luffgeister. Got, dat im dä Ring noch beizigge engefalle wor! Hä woodt wie der Bletz en dat Scheffge gebraht, schwung dä Stav un gov dä zwei falsche Geselle ehre verdeente Luhn. Hä worf se en et Meer un dät dann met däm schöne Mädche an Land rodere. It hatt de größte Angs usgestande un wor fruh, vum Schäng jetz zom zweite Mol befreit wode ze sin.

Der Schäng met singe starke Ärme wor bahl am Ofer un braht dat Künningsdööchterche heim bei Vatter un Mutter. It feel dem Schäng dankbar öm der Hals, wie ehr üch denke künnt. Se feeten Huhzick, un all die Minsche, die dat Glöck sohche, hatten Freud zebaschte.

Mer wesse jetz nit, ov us dem starke Schäng och ene gode Prinzgemahl ov ene gode Künning gewode ess – ävver dat weed wahl en ander Märche sin. Verdeent hatt hä et ganz bestemmp.

Gevatter Dut

Et wor ens ne Mann, dä heeß Klos un wor ärm wie Job. Däm hatt der Herrgott ene große Richdum geschenk, dä im schwer Sorge braht, mieh wie Hoore om Kopp. Et wore zwölf Puute. Dann kom noch jet Kleins, et wor et drückßehnte. Do woss sich dä ärme Mann keine Rot, wo hä noch ene Pattühm herrnemme sollt. Sing ganze Sippschaff hatt im ald de Püütcher üvver der Daufestein gehalde, un hä dorf nit hoffe, unger singe Fründe noch en

Siel ze finge, die im si jüngs Kind drüvver hevve dät. Hä daach dran, leever ene weldfremde Minsch ze froge wie sing Bekannte, bei denne hä met esu jet ald off genog vör en zo Döör gelaufe wor.

Dä ärme Vatter ging op de Landstroß, för däm Eeschte, dä im begähne dät, de Stell vun nem Pattühm anzedrage. Un süch do: bahl kom im ene fründlige Mann, ene staatse Här, entgäge, nit zo alt, nit zo jung, hä sohch got us un hatt e leev Geseech. Et kom däm Vatter esu vör, wie wann sich Bäum un Blome, Gras un Koon vör däm Fremde verbeuge däte. Dem Klos wor et esu, wie wann der Herrgott selvs vör im stündt. Hä nohm sing ahl Kapp av, dät de Häng falde un fing an, e Vatterunser ze bedde. Un eh hä noch froge kunnt, saht der Herrgott zo im: »Do söks ene Pattühm för di Kindche. Dat well ich gähn sin – ich ben der Herrgott!« »Leeve Gott, do bess su groß en dinger Gotheit!« gov der Klos im Antwoot. »Ich danke dir. Do giss denne, die ald jet han. Däm eine Richdum, däm andere Kindersähn, un su fählt et inne allebeids an jet: der Riche kann wie en Mad em Speck levve, der Ärme lick Hunger.« Wie der Klos die Sätz erusgebraht hatt, drihte sich der Här öm un wor fott.

Der Klos ging wigger, un wie hä e Stöck gegange wor, kom ene Käl op in an, dä sohch nit bloß us wie der Düvel, nä, hä wor et och. Dä frogte jetz, wat hä am söke wör, un der Klos gov et zo: ene Pattühm för si Kindche. »Dann nemm mich doch, ich maache dat klei Ditzge rich!« hoot hä vun däm Fremde. »Un wer bess do?« woll der Klos wesse. »Ich ben der Düvel!« »Dann soll dich der Düvel holle«, reef der Klos un besohch sich dä Käl vun dä klein Düvelshööncher erav bes op singe Pädsfoß. »Dich mag ich nit als Gevatter, do bess der Schlemmste, dä et gitt! Maach, dat de widder heim bei dich un ding Groß küss! Der Herrgott soll uns vör dir bewahre!« Su zeigte der Klos vill Mot, un der Düvel drihte sich eröm, maht en äklige Fratz un föllte de Luff met singem Schwäfelgestank, un fott wor hä.

Jet späder kom dem Klos widder ene Mann ze begähne, dä wor lang un dönn wie en Bunnestang un klapperig wie e Knochegerämsch. Mer kunnt im e Vatterunser durch de Backe blose. Dä stallt die Frog: »Wat bessde am söke? Ene Pattühm för di Kind?« un der Vatter drop: »Un wer bess do?« »Ich ben der Dut!« Sing Stemm klung, wie wa'mer se mem Rievieser bearbeidt hätt. Do wor der Klos op der Dut verschreck, doch dann nohm hä singe Mot zesamme un daach drüvver noh, dat bei däm Gevatter singe drückßehnte kleine Son am beste opgehovve wör. Hä saht: »No got, mir ess et rääch. Do mähs se all glich, ov ärm, ov rich. Komm am Sonndag zor Kinddauf, do solls minge Gevatter sin!«

Der Dut kom pünklich am Sonndag, woodt däm Kind singe Pattühm, un si Pättche wohß un wor fruh gesennt. Wie dä Klein dann en de Johre gekumme wor, wo ene Puut jet lihre soll, domet hä sing Brütcher selvs verdeene kann, kom der Pattühm un saht, hä sollt met im gonn, en ene düüstere Bösch. Do woren allerhands Heilkrückcher ze finge, un der Dut sproch: »Leev Pättche, jetz solls do di Pattgeschenk krige. Met däm Heilkruck, wat ich he han, wees do ene Dokter, besser wie all die ander Döktersch. Ävver merk et dir got: Wann se dich an e Krankebett rofe, ben ich immer ald vör dir do.« Hä saht et genau: »Stonn ich am Koppengk, darfs de verspreche, do wölls dä Kranke gesund maache, un im jet vun mingem Kruck engevve; wann hä ävver der Löffel avgevve muss, stonn ich am Foßengk. Do muss dann sage, dat im keine Dokter mieh helfe kann. Riskier et nor jo nit, dat Heilkruck gäge minge Welle ze bruche, söns wees do mich kennelihre un ming Maach, un et geiht dir an der Krage! «

Dann leet in der Dut stonn, un dä Jung trok erus en de Welt. Et verging nit vill Zick, do verzallten se all vun im, hä wör der größte Dokter op der Äd; hä söhch met einem Bleck, ov einer, dä malad wör, am Levve blevv oder sterve mööt. Un su wor et och: Wann der Dut am Foßengk vum Krankebett stundt, kühmten der Dokter un sproch e Gebett för die ärm Siel, die sich op der Wäg noh drüvve maache dät. Ävver sohch hä der Dut am Koppengk stonn, dann gov hä däm Kranke e paar Droppe, die hä us singem Heilkruck gepaasch hatt, un dä Minsch kom widder op de Bein. Vun Land zo Land un vun Dag zo Dag dät et Volk dä Dokter lovve als Wunderheiler.

Eimol kom hä no en e Land, wo der Künning schwer krank donidder log, un ene Haufe vun Döktersch met große Name stundt öm si Bett eröm, die schotten der Kopp un hatten de Hoffnung opgegovve, im helfe ze künne. Weil ävver grad de Künninge nit gähn sterve, heelt dä ahle Künning am letzte Strühhalm fass un woll gläuve, dä Wunderdokter, vun däm hä ald vill gehoot hatt, künnt in gesund maache, leet in kumme un versproch im der hühkste Luhn. Der kranke Künning hatt en Doochter, die wor esu schön un got wie ne Engel.

Wie der Dokter en der Krankesaal kom, sohch hä am Bett vum Künning zwei Gestalte stonn: am Koppengk stundt die schön Doochter un wor am kriesche, am Foßengk ävver der kahle Dut. Der Dokter woss, wat kom un wat im ze dun blevv. Et Künningskind wor am beddele, hä mööch doch der Vatter rette, ävver der Dut am Bettengk wech nit vun der Stell. Do daach sich der Dokter en Less us. Flöck leet hä vun e paar Deener dat Bett vum Künning erömdrihe un gov im e paar Droppe vum Heilkruck, su dat der Dut bedroge wor un sich durch de Kod maht. Hä wor esu wödig, dat hä däm junge Mann mem lange Knochefinger dräue dät.

Dä Dokter ävver wor Föör un Flamm för dat Prinzessge, un it hatt in och ärg gähn, weil hä dä ahle Künning widder gesund gemaht hatt. Koot drop woodt de Künningsdoochter selvs schlemm krank, un et schung winnig Hoffnung ze gevve. Der ahle Künning leet dröm bekannt maache, wer sing Doochter gesund maache künnt, dä sollt ehre Mann wäde un späder och Künning. Der junge Dokter hoot dat un nohm de Bein en de Hand, för esu flöck wie mügelich an et Krankebett ze kumme. Do blevv im bahl et Hätz stonn! Am Foßengk stundt widder der Dut. Et holf och nix, dat der Wunderdokter däm Dut Blecke zoworf, hä mööch doch för eimol en Usnahm maache un jet wigger noh bovve an et Koppengk rötsche. Der Dut leet nit met sich handele, un de Künningsdoochter wor am sterve. Se sohch dä Dokter an wie mem letzte bange Bleck. Do versook hä et noch ens met Less, leet dat Bett erömdrihe, hatt e paar Droppe vum Heilkruck parat un sohch üvverglöcklich, wie dat kranke Mädche jet Klör kräg un in anlaache dät.

Ävver der Dut woll sich dat nit noch ens gefalle loße, packte dä Jung met singer Hand, die fass wie Ieser un kalt wie Ies wor, un trok in met sich fott en en Riesehöhl irgendwo unger der Äd. En der Höhl wore vill dausend Kääze am brenne, große, halvgroße, kleine un ganz kleine. En Reih dovun wore grad am usgonn, andere fingen em Augenbleck an ze brenne. Do saht der Dut för si Pättche: »Süch he die Kääze: et brennt för jede Minsch e Levvensleech; die große sin för Weckelditzger un Pannestätzger, die halvgroße för Lück en de beste Johre, die kleine för Ahle, wann se nit mieh lang ze levve han. Ävver och Kinder un jung Minsche han off bloß noch e klei Kääzestümpche, wat flöck usgebrannt ess«.

»Och, leeve Pattühm, zeig mer doch ens mi Levvensleech!« dät dä Dokter der Dut bedde, un wie dä op e klitze Stümpche vun ner Kääz wes, wat ald am usgonn wor, saht hä: »Bess doch esu got un stech meer en neu Kääz an, die lang brennt, domet ich ming schön Bruck hierode un Künning wäde kann.« Ävver der Dut saht kalt un ohne Hätz: »Dat geiht nit. Eesch muss ere ein avbrenne, bes dat ich en neu opstelle kann.« Ävver dä Jung leet nit locker: »Dann setz doch en neu op die ahl, domet wör mer geholfe.« Der Dut saht drop: »Jo, dat well ich dun.« Hä nohm e lang Leech un dät esu, wie wann hä dat opstelle wöll, ävver hä maht et expre verkeht un stuppte dat klei Stümpche Kääz öm, un dat wor us. Em selve Augenbleck sunk dä junge Dokter nidder un wor dut.

Mir ävver wessen et genau: Gägen der Dut ess kei Kruck gewahße, un hä liet sich vun keinem et Fell üvver de Ohre trecke!

Vun Himmel un Höll

Wann de Äd am allerschönste ess, de Fleere blöhe un de Ruse ald decke Knöpp zeige, fällt et de Minsche am schwerste, ze sterve. Do troken ens zwei Wanderslück üvver de Himmelsstroß: dä ein wor ne Ärme, dä ander ne

Riche gewäß, do unger op der Äd. Se hatten deech beienein gewonnt, dä Riche en nem große schöne Huus, dä Ärme en ner klein eng Kau. Ävver weil der Dut keine Ungerscheid mäht, woren se beids en einer Stund gestorve. No trofen se op der Himmelsstroß widder zesamme, un se leefe nevvenenander her un däten de Mul nit op.

Der Wäg woodt steil un schwer, su dat se kaum vörankome. Däm Riche, dä e Levve lang fuul un fett wor, blevv de Luff fott, un hä wor am käche wie en alt Kaarepäd. Noch nie wor hä su wick gelaufe! Dä Ärme, dönn wie en Bunnelatz, hatt bal ne Vörsprung un kom als Eeschter an der Himmelspooz an. Doch hä wor vill ze bang un daach, dä Riche köm jo hingerdren un dät secher kloppe. Noh ner lang Zick sohch hä in kumme, un kaum hatt der Riche gerofe un an der Pooz geröddelt, weil nit tireck einer opmaht, schlog hä vör Wot met der Fuus drop un schannt, bes dat der Hellige Pitter erusgelaufe kom un sich die Zwei besohch: »Och, do bess et, vun dir han ich he bovve noch nie jet Gots gehoot!« Su saht hä för dä Riche. Däm Ärme gov hä de Hand, domet hä leichter opstonn kunnt – dä wor op de Kneen gefalle, su noh beim Himmelsrich! Zint-Pitter braht se en der Vörraum, un verhaftig: dat wor noch ganit der Himmel, et wor en große Engangshall, met Bänk an de Wäng un vill Dürre, die zo wore.

»He künnt ehr üch räste«, saht der Petrus, un dä Ärme wor leis för sich hin op Kölsch am bedde: »Zi-Pitter, Hölp! Ich ben doch nor ene schwaache Minsch!« Dä Hellige hatt e fründlich Geseech un gov inne dä Rot, sich stell ze üvverläge, wat sich jeder wünsche dät. Wann hä widderköm, mööt hä Bescheid wesse, un se sollte nix vergesse, söns wör et för alle Zick zo spät!

Domet ging hä fott un leet die zwei Mannslück lang genog allein, för ze bedenke, wie se et en der Iewigkeit han wollte. Kaum wor hä widder zoröck, sprung der Riche op un reef, hä dät sich e groß Schloss wünsche, mügelichs golde, wie et keine Kaiser jemols gehatt hätt.

Dobei alledags et Bess an Essen om Desch: morgens Schukelad, meddags em Wähßel Kalvsbrode met Appelkumpott un Milchries met Brotwöösch, un hingerdren Waggelpudding, wat hä evvens all gähn oß. Un ovends luuter jet Neus. Dobei dann jeden Dag de kölsche Zeidung, domet hä wöss, wat unger passiert, un ne große Sessel, su ne Großvatterstohl, dozo ene gröne Schlofrock. Do sohch der Hellige Pitter sich dä Deck lang an un saht dann: »Söns häss do keine Wunsch?« »Endoch! Geld, Geld un noch ens Geld, der ganze Keller voll!« Domet revv sich der Riche als Zeiche Dume un Zeigefinger anenander, dat nor jo klor wör, wat im de Grosche bedügge. Der Petrus saht bloß: »Do solls dat all han, wat do mer opgezallt häss, komm, gangk met mir!« un hä maht ein vun dä ville Dürren op un braht dä Riche en e staats golde Schloss, do wor et all esu, wie hä et sich vörgestallt hatt. Kaum wor hä dobenne, maht der Hellige die Pooz zo un laht ne schwere ieser Rigel vör. Der Riche satz sich en der Großvattersessel, wo ene grönseide Schlofrock drop hing. Jeden Dag oß hä fresch droploss, wat im an Esse opgedrage woodt. Dann los hä stundelang de kölsche Zeidung, si Dagsblättche. Un eimol am Dag zallt hä em Keller si Geld.

Su vergingke zwanzig, veezig, fuffzig Johr un widder fuffzig, un doch wor dat grad en klein Spann Zick en der Iewigkeit. Dä riche Mann hatt längs de Nas voll vum golde Praachschloss, vum saftige Kalvsbrode un vum Waggelpudding, vum neue Schlofrock un singem Lähnstohl. Et Kiesblättche, wat im vum Ädelevve verzallt, worf hä wödig en de Hött. »Wat soll ich su ne Käu noch lese? Die do ungen en Kölle sin mer fremb, un ming Fründe sin all längs dut. Et weed mer blümerant, wann ich dran denke, wat die op Äde an Kreg, Mood un Dutschlag erlevve, vun der Pullitik ganit ze spreche!« Dann woodt hä möd vum Nixdun, laht sich schlofe un draump noch vun all singem Geld, wo hä sich nix mieh för kaufe kunnt. Dat wor im längs klor wode. Wie kunnt ene

Minsch bloß esu domm sin un sich Geld em Himmel wünsche! Metunger stundt hä am Finster un woll eruslore. Ävver drusse wor et stechendüüster, vun morgens bes ovends. Schwatze Naach, nirgends e klei Leech, un dobei stell wie om Kirchhoff.

Et wore dausend Johr verledde, do schepperte eines Dags der große iesere Rigel an der Schlosspooz, un der Hellige Pitter kom eren un frogte, wie et singem Gass dann gefeel. Do woodt dä Riche ävver falsch! »Wie et mer he gefällt? Dat kann jo kei Minsch ushalde! Mer süht nix, un he em Himmel weed am meeschte geloge, vun wäge ›iewige Silligkeit‹ un esu.« Do saht der Hellige ganz verbasert: »Wat meinsde dann, wo do he bess? Em Himmel? Oh nä – dat ess de Höll, un do häss der jo dat Schloss gewünsch, wat en der Höll litt!« »En der Höll?« Der Riche kunnt grad noch jappe un zidderte an Ärm un Bein. »Wo soll dann he der Düvel sin un et Höllefóör?« »Do ärme Jeck, do meins secher, he däten se de Minsche noch brode wie fröher? Dat ess längs vörbei. Do bess he en der deefste Höll, dat do einem ald leid dun kanns. Met der Zick wees do dat wal selvs merke.« Domet hatt der Petrus genog gesaht, un der Riche feel en singe Lähnstohl, schlog de Häng vör et Geseech un wor am bauze: »Ich ärme geplogte Mann! Wat soll us mir wäde?« Ävver der Petrus maht de Pooz zo un wor fott.

Widder vergingke Johre öm Johre, un wie et zweite Dausend öm wor, esu furchbar lang för dä Riche, wie mer et sich nie vörstelle kann, kom der Petrus widder. Hä sohch dat Häufge Älend, wat bettere Trone kresch, un stallt sich hinger dä Großvatterstohl, wobei hä all die Trone zallt. »Hellige Pitter, sag mer doch: wie lang ess de Iewigkeit?« hoot hä ganz klein un bang die Stemm vun däm Riche, un der Zint-Pitter verzallt im, wann noch zehndausend Johr verledde wöre, fing se an. Wie dä Riche dat hoot, feel im der Kopp op de Bruss, un sing Trone wore wie en Baach, su vill, dat der Pitter mem Zälle kaum noh kom. Doch hä woss, dat unse Herrgott selvs genau weiß, wann einer sing Undaug beklag un sich bessere well. Dröm nohm Zint-Pitter däm Riche sing Häng un saht, hä wöll im bovven op der Läuv e klei Assloch zeige, wo e Zibbelche Himmel ze sinn wör, domet hä sich ens e Bild vun däm helle Leech maache künnt. Se komen op de Läuv, wo allerhands Pröttel log, un dä Deck sollt sich op de Ziehe stelle, för en dat Assloch ze lunke. Vörher feel ene decke golde Strohl op dä Petrus, un dä sohch us, wie wann hä en Flamme stündt. Die brannte däm Riche deef en et Hätz, un jetz woss hä Bescheid: dat ess der Himmel, der räächte un wohre! »Bliev op de Ziehe stonn, dann sühsde mieh vum Himmel«, der Hellige zeigten däm Mann, wat vör im wor. Hä sohch medden en der Himmel eren, wo der Herrgott om golde Thrun soß, zwesche Wolke un Stäne, en all singer Maach un Praach, un öm in eröm de Engele un Hellige. Der Riche hatt vör Staune de Mul wick op un reef: »Nä – wie wunderbar! Su hätt ich et mer op Äde nit vörstelle künne! Wer sitz dann do dem Här zo Föße un drieht mer der Rögge zo?« »Dat ess dä Ärme, dä met dir de Himmelsstroß eropgekummen eß«, saht leis der Hellige, »dä hät sich bloß e klei Foßbänkelche gewünsch, för esu noh wie mügelich beim Herrgott ze setze. Dat hät hä och kräge, genau wie do di Schloss!« Wie hä dat gesaht hatt, ging hä höösch fott, un der Riche blevv allein, stundt op de Ziehespetze un kunnt sich an däm Himmelsbild nit satt sinn. Et wor jo su schön!

Noch ens dausend Johr wore vergange, un Zint-Pitter kom zom letzte Mol. Dä Riche stundt noch op derselve Plaats, sohch durch dat Assloch un hatt Esse un Drinke vergesse. Däm mooten doch längs beidse Bein engeschlofe sin! Der Hellige Pitter laht im de Hand op de Scholder, un sing Stemm klung jetz leev un weich: »Komm, Mann – ich darf dich en der Himmel bränge. All ding Sünde sin dir vergovve. Der Herrgott well dich opnemme, wie do bess. Do hätts et vill leichter han künne, wann do nor gewollt hätts!«

Der verroste Ritter

Et läävten ens ne riche, vörnähme Rittersmann, dä kunnt sich günne, wat im grad enfeel. Ävver hä wor hatt un stolz gägen ärm Lück. Zor Strof leet in der Herrgott verroste: op einer Sick, der linken Ärm, och et linke Bein un der ganze Liev bes en de Medde. Däm Mann si Geseech blevv frei. Der Herrgott en all singer Gotheit üvverdriev jo nit!

Dröm woss der Ritter sich ze helfe. Hä trok üvver sing linke Hand ene Händsche, leet sich dä öm et Handgelenk fass zoniehe un trok dä och naaks nit us, domet nor jo kei Minsch söhch, wat hä för en rostige Klau hätt. Dann gingk hä en sich un versook e neu Levve anzefange. Zoeesch leet hä sing Suffkumpane un verkehte Fründe laufe un nohm sich dann en schön fromm Frau. Die hatt ald vill Undaug vun däm Ritter gehoot, ävver weil si Geseech heil un got geblevve wor, dät se dat, wenn se allein wor un üvver in nohdaach, kaum gläuve. Un wenn hä bei ihr wor un leev un fründlich met ehr sproch, trauten se im gar nix Koddes mih zo. Mer moot in secher nor rääch gähn han un gedöldig met im sin. Su gov se däm Mann ehr Jo-Woot.

En der eeschte Naach noh der Huhzick sohch se, woröm hä niemols dä Händsche vun singer linke Hand avtrok, un se verschrok bes en et Hätz eren. Ävver se leet sich nix anmerke.

Am andere Morge saht se för ehre Mann, se mööch en der Wald gonn, för do en der klein Kapell ze bedde. Se kannt der Wäg, un nevven der Kapell stundt en ahl Kau, dodren wonnten ene Eremit. Dä hatt fröher lang en Jerusalem gelääv un wor esu hellig, dat de Lück vun wickher kome, Wallfah'te mahte un singe Rot sooke. Ov dä och en jung Ritterschfrau berode künnt? Kaum hatt se däm fromme Mann ehr Sorge verzallt, ging hä en de Kapell un wor lang bei der Mutter Maria öm Hölp un Sähn am bedde. Wie hä widder erus kom, saht hä för die jung Ehefrau: »Do kanns dinge Mann noch erlüse, ävver et ess ärg schwer. Fängs do et an un brängs et nit an et Engk, dann muss do selvs verroste. Weiß do, wie vill Unrääch dinge Mann gedon hät? Denk an all die Ärme un Schwaache, för die hä nie jet üvverig hatt.«

Dann dät hä däm ärm Frauminsch genau beschrieve, wat it dun mööt. Et sollt zo Foß, dat heiß »op bläcke Föß«, en Lumpe geweckelt wie et allerärmste Beddelwiev, su lang beddele, bes dat it hundert Goldstöcker zesamme hätt. Dann bröht it singem Mann nor de Häng ze recke, met im en de Kirch ze gonn un dat Geld en der Offerstock för ärm Minsche ze läge. Wenn im dat gelinge dät, vergöv der Herrgott singem Mann all sing Sünde, der Ross künnt avbläddere un dä Ritter wör wieß wie e neugebore Weckelditzge.

Die treu Frau versproch: »Dat well ich gähn dun, och wenn et mir noch esu schwer weed un noch esu lang do't.« Se woll ehrem Mann helfe, widder ne räächte Minsch ze wäde, un se wor üvverzeug, dat hä bloß vun drusse verross wör. Ene gode Kän, su meint se, hät doch jede Minsch!

Met nem Dröppche Weihwasser op der Steen un zidderige Bein maht se sich op der Wäg en der Bösch, et wor kalt un düüster. Ungerwägs trof se en alt Mütterche, dat wor Kleinholz am sammele. Et hatt ene dreckelige, halv zerresse Rock an un drüvver en alt Stöck Mantel. Dä wor us allerhands Fleckläppcher zesammegesatz wie vör Zigge et »Hellige Römische Rich« op ner Landkaat. Mer kunnt die Klöre kaum noch ungerscheide. Rähn un Sonnesching hatten dat wölle Stöffge usgebleich. De Ritterschfrau frogte: »Wellsde mer dä Rock un dä Mantel gevve, Mütterche? Dann schenken ich dir ming seide Kledasch un all ming Nüsele, die ich he en der Täsch han. Ich mööch vun hück an ärm sin.« Die Ahl sohch se verbasert an un sproch: »Mi schön Dööchterche, wenn do dat äns meins, vun mir us. Ich han ald vill gesinn vun der Welt un weiß en Häd Lück, die gähn rich wöre, ävver dat einer ärm sin well, dat ess mer noch nit vörgekumme. Do met dinge fing Häng un däm zaate Geseech, dir weed de Ärmot nit schmecke.«

Doch do hatt die jung Frau ald angefange, sich uszetrecke, un se sohch esu bedröv us, dat die Ahl fohlt, et wor keine Wetz. Se gov Rock un Mantelgezubbels hin, holf beim Ömtrecke un frogte: »Wat wellsde dann jetz maache, Dööchterche?« Dat saht: »Leev Frau, ich gonn beddele.« Alsu wor et däm Minsch äns. Die Ahl hatt verstande: »Beddele ess jo kein Schand. Loß der Kopp nit hange! An der Himmelspooz weed mäncheiner lang beddele müsse, för do eren ze kumme, dä et he unge nit gelihrt hät. Ich well dir flöck noch uns Beddel-Leed beibränge«, un se sung:

»Beddele un lungere,
Dööschte un hungere,
Johr öm Johr, zo jeder Zick.
Glöck för Beddellück eß wick!

Hatt ehr jet, dann schenkt uns jet -
Gitt uns doch e Häppche!
Brut en minge Beddelsack,
Zupp en uns klei Schäppche!

Leddere Ranze,
Röckelcher, Franse
Drage mer Beddellück.
Ha'mer genog gekött,
Gitt et en löstige Zick!«

Dann frogten die Ahl: »Ess dat nit e nett Leedche? Leich ze lihre.« Donoh worf se sich dat Seidekleid üvver ehre knochige Liev, sprung en der Bösch eren – un fott wor se!

Lang moot die Ritterschfrau der Wäg söke, bes dat se ne Minsch trof. Et wor ene Boor, dä ungerwägs wor, för en neu Mäd ze söke. Im fählten Arbeitslück, för de

Feldfrooch enzebränge. Die Frau blevv stonn, dät de Hand zom Beddele usstrecke un saht: »Hatt Ehr jet, dann schenkt et mer, un wör et bloß e Häppche.« Se sung im dat Leed nit vör, et hatt ehr nit gefalle. Dä Boor leet de Äugelcher gonn. Dat jung Frauminsch sohch en singe Lumpe noch nett un adrett us. Ov it Mäd bei im wäde wöll? Hä fing an ze verspreche: »Op Poschdag krissde ene Koche, op Zint-Mäte en Gans un op Chressdag e neu Kleid. Bessde domet zefredde?« Ävver die Frau schlog de Auge nidder un saht: »Nä, ich muss beddele gonn. Der Herrgott well dat esu!« Do woodt dä Landmann bletzig un maht sich üvver die Antwoot löstig: »Bess do mem Herrgott ald esse gegange? Gov et Linse met Brotwoosch? Ov bess do am Engk met im verwandt, dat do su genau weiß, wat HÄ well? Do bess ze fuul un häss ene Balg Wachs verdeent.« Hä leet die Frau stonn, gov ehr keine schäle Penning un ging fott. Do merkten dat ärm Fräuche, wie schwer doch et Beddele ess!

Wigger ging dä hade Wäg, un se kom bahl an de Stell, wo sich dat Pättche deilte. Do stundte zwei Steinblöck. Op einem soß ne ahle Beddelmann. Die Frau, der de Föß wieh däte, woll sich op däm zweite jet räste. Doch tireck schlog dä Ahl met singem Kröckstock noh ehr, fing laut an deuvele un dät an wölle Wööt nit spare: »Maach, dat do fott küss, do met dingem söße Geseech! Wells do mer he de Kundschaff avspenstig maache, dat ich ming paar Nüsele verliere? Do lidderlich Frauminsch, die Plaats he han ich gepaach, verstande?« Hä wor met däm Stock am dräue un reef, dat hä domet op ehrem Rögge Vijelin spille dät, wenn se im nit us de Föß ging. Die Frau dät ene deefe Kühm, maht sich op ehre bläcke Föß widder op Wanderschaff un wor am bedde, dat se ehr Ziel noch schaffe künnt. Wie wick däten ehr möd Bein se noch drage?

Se kom en de große Stadt, wo ehr et Levve fremb wor. Do satz se sich an der Kirchwäg un fing an ze beddele. Naaks schleef se op der Trapp vum Goddeshuus en. Su ging dat dagus, dagen. Selde laht einer, dä lanskom, ene Penning en ehr Hand ov ene Heller, ävver de meeschte fingen an ze schänge, wie vörher dä Boor. Et ging doch rääch langsam met dä hundert Goldstöcker, die sei zesammebeddele sollt.

Wie dreiveedel Johr verledde wore, hatt se eesch ei Goldstöck zesamme. Wie dat parat log, braht se e wunderschön Jüngelche op de Welt. Se gov im dä Name »Docherlüs«, de Hoffnung, ehrem Mann ze helfe un in ze erlüse, göv se niemols op! Jetz ress se en Ell vum ahle Mantel av, dä grad noch bes üvver de Kneen ging, weckelte ehr Ditzge do dren un nohm et op der Schuuß. Mem Beddele hoot se nit op. Wenn dat Püütche engeschlofe wor, fing se an ze singe un et ze schöckele:

»Schlof op mingem Schuuß,
Do ärm Beddelkind!
Di Vatter wonnt om Schloss,
Un drusse pief der Wind.

Hä geiht en Sammet un Seid,
Drink Wing un iss wieß Brut -
Mer däten im wahl leid,
Söhch hä uns en der Nut!

Öm uns muss hä nit trore,
Do liss bei mir su wärm.
HÄR, dun doch noh im lore,
Dä Mann ess dubbelt ärm! «

Vill Lück blevven stonn, sohchen die ärm jung Frau un dat schön Kind un schenkten ehr jet mieh wie söns. Su hatt se Truus, hoot op ze kriesche un daach, se künnt secher durchhalde, för ehre Mann reinzewäsche.

Der Ritter op singem Schloss wor deef bedröv, weil sing Frau nit mieh heimkumme wor. Die hatt secher gemerk, wat met im loss wor. Hä rett en der Wald bei dä

Eremit un hoot, dat sei en der Kapell gewäß wör. Dä fromme Münnich wor koot angebunge un sproch im streng en et Gewesse: »Häss do nit wie de Mad em Speck gelääv, nie de Ärmste jet gegovve? Der Herrgott hät dich gestrof, do ›verroste Ritter‹. Ding Frau hatt rääch, dich ze verloße; mer kann keine fuulen Appel bei ne gode läge, söns weed dä och fukackig.« Do sunk der Ritter nidder, feel op de Kneen un kresch bettere Trone. Wie dat dä fromme Mann sohch, woodt hä jet fründliger: »Ich sinn, dat di Hätz noch nit angeross ess. Mann, maach Näl met Köpp un dun jet Gots, besöök alle Kirche op dingem Rett, dann wees do ding Frau, dat treu Minsch, widderfinge.«

Kein Frog: der Ritter leet si Schloss em Stech un rett en de Welt erus. Wo hä ärm Lück fung, dät hä se rich beschenke. Hä ging en jede Kirch eren, för fromm ze bedde, ävver sing Frau kunnt hä nit finge. Su ging e Johr vörbei. Hä kom en de große Stadt, un singen eeschte Wäg foh't noh der Kirch. Op de Trappe soß en Beddelfrau, et wor de sing, un die erkannt ehre Mann vun wiggem, esu staats, der Goldhelm om Kopp, wo en Geierklau drop leuchten dät. Die Frau daach met Schrecke, dat se grad ens zwei Goldstöcker zesamme hatt. Dat wor vill ze winnig, för ehre Mann ze erlüse! Se trok die Zibbele vum Mantel öm et Geseech un laht ehr wieße klein Föß unger der Rock. Hä sollt se nit erkenne!

Wie der Ritter lans kom, hoot hä dat Beddelwiev leis kriesche. Die kapodde Kledasch stoch im en de Auge un dann och dat winzig Ditzge, schön wie Milch un Blot, op ehrem Schuuß, en ahl Pluute geweckelt. Dat Bild dät däm riche Mann en der Siel wieh, un hä frogte, ov hä helfe künnt. Do kresch die jung Mutter noch lauter, och wann se sich Möh gov, de Trone ze verbieße. Vum Singe kunnt kein Red mieh sin. Dä Mann laht sing Geldtäsch op dä Lumperock, un die Hand vun der Frau wor am ziddere. Dodren wore vill mieh wie hundert Goldstöcker! Dä Här saht leev: »Ich gevven Üch all mi Geld, wat ich bei mer han. Selvs wenn ich beddele mööt wie Ihr, för heimzekumme.« Do feel der Frau, ohne dat se et woll, der Lumpemantel vum Kopp. Öm Goddeswelle, wat wor dat för e vertraut Geseech! Sing eige Frau! Dankbar, se gefunge ze han, hovv hä se met ehrem Püütche op sing Ärme, dät se bütze un dröckten se an si Hätz, wie hä hoot, dat et si Jüngelche wör.

Die Frau nohm ehre Mann bei der Hand, ging met im en de Kirch un laht dat ganze Geld en der Offerstock för de Ärme. Dann saht se: »Ich woll dich erlüse, ävver do häss dich selvs erlüs, leeve Mann!« Dä Floch wor vörbei, der Ross op singer linke Sick wor verschwunde.

Hä hovv Frau un Kind op si Päd, leef selvs zo Foß nevvenher, un em Schloss woodten se vun all dä Lück, denne se för de Zokunf Gots dun wollte, met Hurra empfange un en ehr Medde genomme.

Su läävten se noch för vill glöcklige Johre. Die Beddelspluute vun singer Frau hing der Ritter en ene Schring, wie dat hück off et Dreigesteen zo Kölle deit, zom Andenke an all die Dag, die vergange sin. Morgens besohch hä sich die Klamotte, eh dat hä en de Fröhmess ging. Der Herrgott weed in verstonn. Dä weiß, wie et singe Schöfger zo Mot ess, un jederein kritt vun im en Schangs, ganz secher!

E Kinder-Verzällche

Hück well ich vun zwei klein Puute verzälle, die op nem Kirchhoff am spille wore, dä huh bovven om gröne Berghang log. E klei Dörp, bei dat hä gehoot, wor och ald huh genog üvver dem Dal em Wald. Off genog woodt et vun de Wolke verdeck. Mer kunnt et kaum sinn, wa'mer ungen op dem Strom elans fohr. Der Kirchhoff log alsu noch hühter, su dat die ville schwatze Krützer tireck en der blaue Himmel zeigte. För de Minsche, die ehr Dude vum Dörp op der Kirchhoff droge, wor et ärg möhsillig. Der Wäg ging piel erop un wor voll vun decke Steinhubbele, bes dat mer an e Stöck grön Wies kom, wo se de Gravstelle engedeilt hatte. Die Lück, die en de Birg wonne, künnen et unge em Dal nit ushalde; do föhlen se sich wie unsereiner en nem deefe Keller, se krige kaum Luff, un et ess inne eng öm de Bruss. Se gläuven och fass dran, dat et ehre Dude genau esu geiht. Die solle bovve om Kirchhoff zor Rauh gelaht wäde, dat se wick en et Land lore künne un erunder en et Dal, wo de Scheffe fahre.

En der letzte Eck vum Kirchhoff wor e verloße Grav. Huh wohßen Gras un Unkruck drop un e paar weld Blömcher, blau un wieß, die der Wind erangedrage hatt. En däm Grav hatt ene ahle Junggesell sing letzte Rauh gefunge. Hä hatt kein Frau un kein Kinder gehatt, un et woss och keiner, vun wo hä gekumme wor, us nem fremde Land. Zo singer Levvenszick wor hä jede Morge huh op der Berg geklomme un hatt stundelang do gesesse. Wie hä storv, hatten se en begrave, wie sich dat för Chresteminsche gehöt; singe Name kannten se nit, un selvs der Dudegräver woss nit Bescheid. En et Kircheboch hatt der Pastur in als »Frembche« engedrage, met drei Krützer dohinger un däm Dag, an däm hä gestorve wor.

No ess dat ärg winnig. Ävver dem Dudegräver sing zwei Püütcher, die om Kirchhoff spille däte, hatten dat alt verloße Grav besonders gähn. Se durfe dröm eröm laufe un drop spille, wie et inne Spass maht. En der Nöh vun all dä ander Gräver sollten se sich nit blecke loße. Die hatt ehre Vatter ze fläge un heel streng op Odenung. Hä schnett et Gras rundseröm esu koot un glatt wie Sammet un hatt op all die Gräver de schönste Blome engesiet, die hä finge kunnt. Alledags moot hä met Möh un Ärmeschmalz et Geeßwasser vum Pötz, ungen em Dörp, eropschleife. Och en Häd Kränz woodten op mänch Grav gestivvelt.

»Tringche«, saht et Bröderche, »komm, mer spille Vatter un Mutter.« Hä kneente vör däm verloße Grav, hatt met singe Häng en klein Höhl an der Sick vum Gravhüvvel gebuddelt un reef: »Dat soll uns Huus sin. Ich han et met Steincher paveit un Blomeblädder drop gestraut.« Dann sproch hä fing en der Huhsproch. Oh jo, die kunnt hä wie nix: »Ich bin der Vater. Guten Morgen, was machen unsere Kinder?«

Si Schwesterche wor am üvverläge: »Schängche, do spills vill zo flöck. Mer han doch noch gar kein Pänz, ävver glich wäden ich ere krige.« Wie der Bletz jöckten it durch die Gräverreihe un braht zwei Hängcher voll Schnecke: »Süch, Vatter, jetz han ich sibbe schön Schneckekinder.« Et hatt ald fresche grön Blädder paratgelaht för Koppkösse un e Plümo.

Et Schängche wor am befelle: »Die bringe mer rasch in et Bettche, die Kleine, et is schon spät.« Die Schnecke woodten en dat Loch gelaht un met dä Blädder zogedeck. Et Tringche saht leis: »Schängche, ens ganz höösch! Ich well ming Püütcher en der Schlof singe, ich ganz allein. Do kanns en der Zick op de Arbeit gonn. Ene Vatter singk nie met!«

Et Bröderche dät brav folge un leef fott, un et Tringche sung met singem finge Stemmche:

»Schloft jetz all zesamme en,
Weil ich ganz noh bei üch ben,
All ehr sibbe Schnecke.
Dräumt all söß un schloft üch us,
Streckt mer bloß kei Bein erus,
Blievt en ühre Decke!«

Ävver do fing ei Blatt ald an, sich ze bewäge. En Schneck daut ehr Köppche erus met klitzeklein Hööncher. Et Tringche tippten ehr zaat mem Finger op der Kopp un saht: »Gustelche, do bess nit adig. Ald dise Morge hässde dich nit kämme loße. Flöck widder en et Bett! Deck dich widder zo.« Dann sung de Mutter noch eimol:

»Dräumt all söß un schloft üch us,
Streckt mer bloß kei Bein erus,
Blievt en ühre Decke.

Sid ehr dann geschlofe en,
Flüch ne Engel he eren,

Deit mich höösch jet froge:
Gott scheck dir ne Groß erav;
Sin ding Pänz och got un brav?
Ävver nit geloge!

All ming Pänz sin leev un got,
Kumme bei mir nit ze koot,
Söße Brei se krige.
Reech et su dem Herrgott us:
Kei streck nor ei Bein erus.
Süch, wie brav se lige.

Kaum wor dat Leedche verklunge, woren die sibbe Schnecke, ov mer et gläuv ov nit, all engeschlofe. Et wor e Bild, wie et sich die Mutter gewünsch hatt. Et Schängche wor noch nit zoröck, un su rannt et Tringche noch ens om Kirchhoff eröm, för neu Schnecke ze sammele. It braht em bungkte Schützel noch en Häd an dat Grav zoröck. Do soß et Schängche un dät wade. »Vatter, süch doch! Ich han noch hundert Kinder kräge«, reef stolz et Tringche. Der Schäng, ganz opgeräg: »Hundert Kinder? Ess dat nit jet vill? Mer han doch bloß ei Poppetellerche un zwei Gäffelcher. Wie solle mer dobei en Famillich satt krige? Uußerdäm: kein Mutter hät hundert Kinder. Op wat för Name solle mer se dann däufe? Drag se widder fott.« Ävver et Mütterche hatt ne eige Welle: »Enä, ich bruchen se all! Sin se nit zo nett?« En Huusfrau, die sich jet vörgenomme hät, setz och ehre Kopp durch, dat woss der kleine Schängemann vun doheim.

Grad kom die jung Mamm vun dä Quös op der Kirchhoff, reef ehr Pänz un satz sich ene Schlag op der Rand vum Nohberschgrav. Se braht deck belahte Botteramme met un reef, et wör Essenszick. Die Kinder, met Bützger beluhnt, weil se su leev gespillt hatte un der Mamm nit vill Möh mahte, hooten sei mahne: »Passt op ühr Schützelcher op, maht üch nit ze dreckelig!« Su soßen se nevvenenander wie zwei klein Mösche un sahten kei Woot mieh.

Dä ahle Junggesell em verloße Grav hatt dat all metkräge. Wat an de Gräver gesproche weed, verstonn de Dude, Woot för Woot. Die ärm Siel do unge daach an die Zick, wie se selvs noch e Jüngelche wor. Do hatt hä och e Nützge gekannt, met im Hüsger gebaut un Vatter un Mutter gespillt. Späder, wie de Zick lang verledde un us däm Mädche en Frau gewode wor, hatt hä se nie vergesse künne. Die Johre, die hä allein gelääv hatt, wore nit glöcklich verlaufe. Hä woodt bedröv, wie hä üvver sich die Kinder hoot, die beim Spill de Zick vergesse hatte. Hä moot kriesche, un et Hätz woodt im schwer un schwerer. Hä kresch noch mieh un hätt gähn die Kleine do bovve, die jetz op singer Bruss soße, an sich gedröck. Ävver et ging nit; op im log jo de Äd, sechs Foß huh, un sechs Foß Äd han e schwer Geweech, en ärg schwer Geweech. Do kresch hä noch stärker, un wie die jung Frau ehr Püütcher längs gehollt un nohm Bett gebraht hatt, wor hä immer noch am kriesche.

Wie der Dudegräver am nöhkste Morge üvver der Kirchhoff ging, sohch hä an der verloße Gravstell en klor Quell erusspringe. Dat woren all die bettere Trone, die dä ahle Junggesell gekresche hatt. Dat Wasser kom genau us däm Loch, wat die Kinder gegrave un »ehr Hüsge« genannt hatte. Jung, do fraut sich ehre Vatter un fing löstig an fläute. Jetz hatt hä Geeßwasser genog, broht die schwer Geeßkanne nit mieh der Berg erop us dem Dörp ze schleppe, un hä bauten e Steinbecke för die Quell. Su ne Arbeitsmann weiß, wat nüdig ess. Op dä Rand laht hä e paar Steinplaate, su dat sich sing Frau, de Kinder un die Lück, die de Gräver vun ehre Dude besöke kome, och ald ens dropsetze un der Usbleck en dat grön Dal erav geneeße kunnte. Selvs Papierscheffger dorfen de Pänz om Wasser schwemme loße. Die Gravstell vun däm fremde Dude broht kei Minsch ze fläge. Vum Wind erangedrage, wohßen weld Blome en alle Zoote drop, wie vun selvs. Der Boddem wor jo feuch genog. Och die Blome op all dä ander Gräver blöhten met däm Wasser us dem

Tronebrunne schöner wie jemols vörher! De Dudegräverschkinder soßen off om Rand vun däm Brünnche, däten en Mahlmüll baue, sich Märcher verzälle – un en Deil vun der söße Jugend leet der Herrgott eravklinge bes deef en dat verloße Grav, wo jetz en ärm Siel ohne Name noch jet Glöck gefunge hatt.

Der Gravhüvvel

Ne riche Boor stundt eines Dags op singem Hoff un sohch üvver sing Felder, de Wiese un der Gade. Et Koon wohß met aller Kraff, un de Obsbäum hatten Äppel un Birre satt un genog. Haufewies log de Frooch noch vum letzte Johr en der Schör, su vill, dat sich de Balke beege däte. Dä Mann ging en der Stall un hatt Freud an singe fette Ohße, Milchköh un stolze Päd. Zoletz kom hä en de Wonnstuff, wo iesere Kaaste stundte, vollgepack met Geld. Wie hä all dä Richdum üvverschlog, kloppten et an de Döör, ävver nit en der Stuff, nä, an singer Hätzensdöör. Die sprung op, un en Stemm sproch hböösch: »Häss do dinge Metminsche och Gots gedon? Met Hungerligger di Brut gedeilt? Wor dir genog, wat de hatts, ov kunnts do der Hals nit voll krige?« Dodrop woss et Hätz tireck de Antwoot. Hä woss et genau un maht sich jetz nix vör. Kniestig wor hä gewäß un hatt kaum einem jet gegunnt. Wann ene Ärme bei in kom, hatt hä dä fottgewipp un vör der Nut de Auge zogemaht. Selvs an der Herrgott hatt hä nit mieh gedaach! Wat wor si Levvensmotto? An sich selvs ze denke un opzehäufe, su vill wie et ging. Sing Kneen fingen an ze ziddere, un hä moot sich setze. Do kloppten et an de Stuvvedöör. Singe Nohber, nen ärme Mann, kom un beddelte, hä hätt för singe Haufe Pänz nix ze bieße. Dat dä decke Boor genog gesömmert hatt, woss jeder em Dörp. »Gevvt, Här, mer doch jet vum Üvverfloss av, mir steiht et Wasser bes an der Hals!« Su wor dä Ärme am jömere. »Liehnt mer doch winnigstens vier Maltersäck voll Koon.« Dä Riche sohch in lang an, un wie grad de eeschte Sonn en et Zemmer schung, fing och si Hätz an ze schmelze: »Ich well dir dat Koon nit liehne, ich schenken et dir, aach Malter! Ävver doför muss do och jet för mich dun. Wenn ich ens sterve, solls do drei Näächte lang an mingem Grav waache.« Däm ärme Nohber kom dat gruselig vör, ävver hä daach an die hungrige Müler doheim un versproch et all en singer Nut. Glöcklich kunnt hä dat Koon heimschleppe.

Wie wann dä Riche en Vörahnung gehatt hätt, esu kom et. Drei Dag späder feel hä dut öm. Kei Minsch woss, wat passiert wor, ävver et dät im och keiner nohtrore. Wie hä begrave wor, feel däm Nohber si Verspreche en. Hä daach, dat dä Riche em Grund nit hatthätzig gewäß wör, dä im jet ze bieße gegunnt hatt. Eimol versproche bliev versproche! Wie de Naach anbroch, satz hä sich op der Kirchhoff, medden op dä Gravhüvvel, un dät för die ärm Siel bedde. Et wor stell, nor der Mond kom blass üvver de Gräver getrocke. En Naaksül flog lans un leet ene Schrei, wie wann se klage mööt. Morgens, wie de Sonn de Äd wärme kom, ging der Ärme heim un hatt flöck sing Angs om Kirchhoff vergesse. Su ging dat och am zweite Ovend. Ävver am drette fohlt dä Mann ald om Wäg, wie et im ieskalt üvver der Rögge leef. Irgendjet dät passiere. Wie hä op der Kirchhoff kom, sohch hä an der Mor ene fremde Mann, dä hatt Auge wie ene Ravevugel, un öm sing Scholdere flaasterte ne schwatze Mantel. Hä drog och große Reuterstivvele. »Wat sökt Ehr dann he om Kirchhoff?« frogten dä Boor dä Fremde. Dä gov Antwoot: hä dät nix söke. »Ich ben ene avgedankte Zaldat, dä kei Daach üvverm Kopp hät un he jet schlofe well.« »Dann blievt bei mir un helft mer waache, he am Grav.« Domet wor dä Zaldat enverstande. Se satzen sich zesamme op dä Gravhüvvel un sohchen en der Mond.

Öm Meddernaach hooten se e Piefe en der Luff, un vör inne stundt der Düvel selvs! »Fott met üch, ehr

Halunke! Dä do em Grav litt, dä gehöt mir!« reef der Düvel streng. »Wann ehr nit maht, dat ehr fott kutt, driehen ich üch der Hals eröm!« Dä Zaldat hatt Kurasch för zwei un saht: »He, Ehr met der rut Fedder om Kopp. Ehr sid nit minge Haupmann un hatt uns nix ze befelle. Angs un Geld hamer nie gekannt – un he blieve mer setze!« Do trok der Düvel, jau wie hä wor, ander Siggen op un versproch inne Gold, ene ganze Büggel voll. No got, dä Zaldat hatt nix dogäge, flöck rich ze wäde, ävver met einem Büggel voll wör inne nit gedeent. »Gevvt uns su vill, wie he en eine vun minge Stivvele pass, dann welle mer Üch us de Föß gonn«, saht dä Zaldat un dät griemele. »Su vill han ich nit bei mer«, saht der Düvel, »ävver en der Stadt kann ich Geld genog opdrieve.« Domet wor hä ald ungerwägs. Wie hä wick genog fott wor, laachten dä Zaldat un reef däm Boor zo, hä sollt im e Metz anrecke. »Däm Kollebrenner wäde mer de Nas reinhalde!« Hä schnett met däm Metz der Lappe vun singem linke Stivvel un stallt dä en et huh Gras nevven däm Gravhüvvel, grad an der Rand vun däm halvüvverwahße leddige Grav nevvenan. »Su, jetz kann dä Kaminsfäger kumme!«

Se satzen sich nidder, un koot drop kom der Düvel an, e Säckelche Goldstöcker en der Fuuß. »Schött dat ald en minge Stivvel, ävver vill ess et jo nit!« saht dä Zaldat un hovv dä Stivvel jet an. Dat Gold feel dodurch, un dä Stivvel blevv leddig. »Han ich et nit gesaht? Dat reck nit!« reef dä Zaldat, un der Düvel maht sich op de Söck, för mieh Flüh ze holle. Noh ner Stund hatt hä ene große Sack bei sich, un et Gold sprung en dä Stivvel, dat mer et klingele hoot. Der Düvel sohch met glöhndige Auge hingerdren, ävver dä Stivvel woodt un woodt nit voll. »Nä, Ehr hatt ävver och decke Wade!« wor der Düvel am staune. Hä kunnt nit begriefe, wo all dat Gold geblevve wor. »Ich han bestemmp keine Pädshof wie Ehr«, dät in dä Zaldat veräppele, un widder moot der Düvel Geld eranschleppe, dismol ene Sack, dä hä kaum drage kunnt. Hä wor am käche un floche, wie et nor einer us der Ungerwelt kann! Met beidse Häng schott hä en der Stivvel, wat hä grad erangebraht hatt, un doch dät et nit notze. Do spaut der Düvel Geff un Gall un woll däm Zaldat dä Stivvel us de Häng rieße. En däm Momang ging de Sonn op, un der eeschte wärme Strohl trof die Drei om Kirchhoff. Met lautem Geschrei fohr der Geis us der Höll fott vum Grav. Hä hatt all sing Kraff verlore, un die ärm Siel wor frei vun all däm Floch.

Dä Boor woll dat Gold met däm Zaldat deile, wie sich dat gehöt. Dä ävver nohm et nit an un saht: »Gevv dat, wat mir zosteiht, de Ärme. Ich trecke bei dich en ding Hött, wo jo jetz e staats Huus drus wäde kann – un mer welle do en Fründschaff un Fridde zesamme alt wäde, sulang et unsem Herrgott gefällt!«

Et blau Leech

Ne Zaldat hatt singem Künning lang Johre treu gedeent. Wie dann der Kreg vörbei wor un dä Zaldat, weil hä alt gewoode wor un Wunde am ganze Liev hatt, nit mieh genog dauge dät, saht im der Künning, hä künnt op heim an trecke. »Geld kann ich dir kei gevve. Luhn kritt bloß einer, dä noch Kregsdeens mäht!« Dä ärme Zaldat woss nit, wovun hä levve sollt, un hä maht sich de größte Sorg. Hä marschierte der ganze Dag un kom am Ovend hungsmöd an der Bösch. Et wor stechendüüster, un hä fung e Leech, sohch e Hüsge un en ahl Frau, die us der Döör kom. »Kann ich he jet ze esse un ze drinke krige un üvver Naach blieve?« frogte fründlich dä möde Zaldat, dä bal am verdööschte wor. »Hoho, wat gitt et för en herrgelaufe Käls!« reef die Ahl, doch dann dät se esu, wie wann se e got Hätz em Liev hätt. Se göv im, wat hä nüdig hätt, ävver dann mööt hä och dun, wat sei verlange dät. »Ess got, erus met der Sproch un Botter bei de Fesch! Ich well dun, wat Ehr wellt.« Su versproch dä Mann, un sei saht, hä sollt am nöhkste Morge der Gade ömgrave. Do kunnt hä drüvverkumme, un hä gov sich met all singer Kraff an de Arbeit. Am Ovend ävver wor hä noch lang nit domet fädig. »Ich sinn, dat et nit vörangeiht, un dröm well ich noch ene Dag dranhange«, saht die ahl Hex, un hä sollt noch ene Haufe Holz kleinmaache. Ävver och domet woodt dä Zaldat nit fädig. Am drette Dag sollt hä bloß en klein Arbeit dun: hingerm Huus wör ene ahle drüge Pötz. Die Ahl verzallt, do wör ehr e Leech erengefalle. »Et ess blau un geiht nie us – holl mer dat widder erop!« Am andere Dag foht in die Ahl an dä Pötz un leet in met nem Korv erav bes op der Grund. Hä fung dat Leech un ress am Seil, för widder eropgetrocke ze wäde. Kaum wor hä noh am Rand, woll die Ahl im dat Leech avnemme. Do reef der Zaldat: »Nä, nä, dat gevven ich nit erus, bes dat ich widder Boddem unger de Föß han.« Die Hex woodt esu wödig, dat se dat

Seil lossleet un dä Mann deef erav bes op de feuchte Äd em Pötz feel.

Et wor im nix passiert, ävver wer künnt im jetz helfe, widder eropzeklemme? Hä wöödt he secher singe Dut finge. Dat blau Leech brannt noch, un dä Mann soß bedröv do un wor en singer Täsch am krose. Hä fung sing Pief, wo noch jet Tuback dren wor, maht se an däm Leech an un fing an ze schmore. Su, dat wör jetz sing letzte Freud, daach dä Zaldat. Wie dann dä Qualm en der Höhl erömgetrocke wor, stundt op eimol e schwatz Männche vör däm Zaldat: »Här, wat wellsde mer befelle?« »Ich? Wie künnt ich der jet befelle un jet ze sage han?« frogte verbasert dä Zaldat. Dat Männche gov leis Antwoot: »Ich muss dun, wat do vun mir verlangs.« Dankbar saht dä Zaldat, dann sollt it im us däm Pötz erushelfe. Dat Männche trok in an der Hand un zeigten im ene Geheimgang, daach ävver och an dat blau Leech, wat se nit vergesse dörfte! Ungerwägs fungen se haufewies Gold un Edelstein, die die ahl Hex zesammegestolle hatt. Dä Zaldat sollt sich metnemme, su vill hä drage künnt. Kaum wor hä widder am Dagsleech, saht hä dem Männche, jetz sollt it die Hex fessele un vör Gereech bränge. Die kom wie der Wind op nem welde Kater angeredde un maht e furchbar Geschrei. En zwei Minutte kom et Männche zoröck un reef, die Ahl hüng ald am Galge un hätt ehr verdeente Strof kräge. Wör söns noch jet ze dun? »Nix wigger, do kanns heimgonn, ävver komm widder, wann ich dich rofe«, gov im der Zaldat zor Antwoot. Dann hoot hä dem Männche sing letzte Wööt: »Do bruchs bloß an däm blau Leech ding Pief anzemaache, dann ben ich em Rüppche bei dir!« Fott wor et, wie der Bletz!

Dä Zaldat trok en de Stadt zoröck, ging nohm beste Gasshoff un leet et sich got gonn. Hä reef der Weet, im et bess vun singe Zemmere ze vermeede, un leet sich fing Pluute maache. Wie hä dann engetrocke wor, reef hä et schwatze Männche bei sich un verzallt singem kleine

Fründ, wie im der Künning zom Dank för all sing treu Deensjohre esu üvvel metgespillt hatt. Dä sollt jetz si Fett krige! Et Männche frogte, wat dann ze maache wör. Dä Zaldat woss vum Künning singer schön Doochter. Die sollt dat Männche ovends, wenn se ald am schlofe wör, holle un als Deensmäd bränge. »För mich ess dat en Kleinigkeit, ävver för dich kann dat fies gefährlich wäde«, üvverlaht dat Männche. Wie et zwölfmol en der Naach geschlage hatt, braht et op singe Ärme de Prinzessin bei der Zaldat. Dä, nit fuul, fing an ze kummandiere: »Fresch an de Arbeit, Mädche! Holl ene Bessem un fäg ming Stuvv«, un wie et dat gedon hatt, sollt et im de Stivvele usdun. Die moot et putze, blank wie neu, un hä woll kei Widderwoot höre!

Beim eeschte Hahnekrih braht et Männche sing söße Lass widder heim nohm Schloss, wo de Prinzessin sich dann em eige Bett widderfung. Se verzallt dem Vatter Künning ehre wundersame Draum: »Ich woodt flöck wie der Wind bei ne Zaldat en si Zemmer gedrage un moot däm de dreckeligste Arbeit dun, die mer sich vörstelle kann.« Der Künning daach noh un saht dann, dä Draum künnt sugar wohr sin. Beim nöhkste Mol sollt it sich de Täsche voll Ääze maache un die späder op de Stroße falle loße, dann hätten se en Spor! Dat Männche stundt bei inne em Zemmer un hoot sich die Plän met an – un keiner kunnt et sinn. Naaks, wie dann de Prinzessin widder durch de Stadt gedrage woodt, feelen e paar Ääze erav, ävver dat lestig Männche hatt üvverall Ääze gestraut, un de Spor wor nirgends ze finge. Widder moot de Künningsdoochter düchtig arbeide, wie de ärmste Mäd. Morgens scheckte der Künning sing Lück durch de Gasse, för de Ääzespor ze söke, ävver de Pänz op der Stroß hatten die längs gefunge, laachten un reefe: »Dis Naach hät et en der ganze Stadt Ääze gerähnt! «

Der Künning zerbroch sich der Kopp un saht för sing Doochter, se mööten sich jet usdenke, wat besser fluppe dät: »Kind, behalt ding Schohn em Bett an, un eh do widderküss, verstichs do eine dovun. Ich wäden die dann finge, die Spor, su schlau, wie mer sin.« Et Männche hatt genog gehoot un reet däm Zaldat, met däm Spillche opzehöre, söns ging et im schlääch. »Dun, wat ich sage, un maach der kein Gedanke«, saht dä bloß, un de Prinzessin moot sich och en der nöhkste Naach widder avrackere wie de dömmste Booremäd.

Am Morge leet der Künning dä Schohn üvverall söke, un süch an: em Zemmer vum Zaldat woodt dä gefunge. Dä Mann hatt sich zwor op Rot vum Männche durch de Kod gemaht, ävver flöck hatten se in engehollt un en et Tippo geworfe. Et Bess, si blau Leech, hatt hä beim Laufegonn vergesse, un en singer Täsch wor grad noch eine Golddukat. Wie hä no an de Kett gelaht en der Blech soß, sohch hä drusse am Finster ene Kamerad lansgonn. Hä kloppten an de Rutte un dät dä anbeddele, ov hä im nit si Püngelche us der Weetschaff holle künnt, wat hä do lige geloße hätt. Hä göv im och dat Goldstöck doför! Dat leet sich der Kamerad nit zweimol sage, un wie hä promp die Saache braht, stoch sich der Zaldat e Piefge an un reef dat schwatze Männche bei sich. »Do bruchs kein Angs ze han, egal, wat se met dir maache«, su saht dat för singe Här, »ävver vergess dat blau Leech nit mieh!«

Am andere Dag woodt Gereech üvver dä Zaldat gehalde, un der Reechter gov bekannt, hä hätt der Dut verdeent. Dann brahten se dä ärme Höösch op singe letzte Gang, un der Künning leet froge, ov hä sich noch jet wünsche dät. »Noch eimol ming Pief anmaache, söns nix«, saht leis dä Zaldat, un der Künning wor enverstande. Ävver dat wör et dann och! Do trok der Zaldat sing Pief erus un maht se an däm blau Leech an. Wie hä e paar Kringele en de Luff gepaff hatt, stundt et schwatze Männche do un hatt ene Knöppel en der Fuus: »Wat well mer minge Här befelle?« »Schlag dren un bestrof mer dä falsche Reechter, un vergess och nit dä nidderdrächtige Künning, dä mich esu schlääch behandelt hät!« Do schlog et Männche met däm Holzknöppel dren wie Ferkeswellem, un jeder, dä getroffe woodt, feel op de Äd un kunnt sich nit mieh reppe un wäge. Dem Künning woodt et schlääch vun Angs, hä wor öm si Levve am beddele un feel vör däm Zaldat op de Kneen. Hä versproch im, wat hä verlange dät – un su kräg dä brave Mann et Künningsrich, die schön Prinzessin zor Frau un dobei noch de Gewessheit, dat et ne ärme Mann verdeent hät, mieh wie nor Schrüpp ov ene Trott en der Hingersch ze krige, ganz egal ov en Kregs- udder Friddenszigge!

Der Geis en der Fläsch

Et wor ens ne ärme Holzknääch, dä dät vun morgens bes ovends wäule för knappe Luhn. Wie hä endlich e paar Nüsele zesamme hatt, saht hä för singe Jung: »Do bess mi einzig Kind. Ich well dat bessge Geld, wat ich mer em soore Schweiß verdeent han, för ding Usbildung drangevve. Wenn do jet Räächtes lihrs, kanns do mer em Alder unger de Ärme griefe, wenn ich der Zidder en alle Knoche han un doheim hingerm Ovve setze muss.«

Su ging der Son op de huh Schull, dät fließig studiere, un jede Lehrer kunnt met im zofridde sin un dät in lovve. Et wor en lang Schullzick, ävver wie dat Ärmlücksgeld vum Vatter opgebruch wor, kom dä Jung heim. Do wor der Papp bedröv un saht: »Ich han nix mieh an de Föß. Uußer däm Brut för alledags kann ich en der döör Zick nix verdeene.« Mer hoot an singer Stemm, dat hä sich keine Rot mieh woss, ävver der Son dät in trüste: »Leeve Vatter, maht Üch kein Gedanke. Wenn der Herrgott et well, weed sich zeige, woför dat got ess. Loß mer uns dren schecke!«

Eimol woll der Vatter en der Wald, för jet am Malterholz ze verdeene, wat för de Holzbrenner zogehaue un opgestallt wäde moot. Dä Jung saht: »Ich gonn met un well Üch helfe!« Ävver si Vatter saht, an su en Arbeit wör hä nit gewennt, un hä hätt och kein zweite Ax. För en neu ze kaufe wör kei Geld do, un dä Jung hätt och nit genog Ärmeschmalz för en schwer Arbeit. Dä Jung woss ne Uswäg: »Och, Vatter, frogt doch Ühre Nohber, dä liehnt Üch bestemmp de sing, bes ich mer selvs ein verdeent han.« Der Nohber dät inne dann och ushelfe, wie der Vatter in froge ging, un andern Morgens troken se loss. Beim Helfe em Wald stallt dä Jung sich got an, un de Arbeit ging inne flöck vun der Hand. Dann saht der Vatter: »Meddag! Loß mer uns jet räste, dann flupp et hingerdren dubbelt su got!« Se deilten sich en Koosch Brut, un der Son frogte, ov hä jet op un av gonn künnt, för e paar Vugelnester ze söke. Hä wör och gar nit möd. »Do Jeck«, reef der Vatter, »wat wellsde he erömlaufe? Komm bei mich, setz dich ene Schlag un schon ding Ärme. Die kannsde söns späder nit mieh bewäge.« Jo, dä ahlen Arbeitsmann woss, wovun hä sproch. Dä Jung hoot nit drop, dät si Brut käue, sohch en de sattgrön Zwige, sook noh Määlenester, fung ävver kein, un kom an ene decke Eichbaum, dä bestemmp ald e paar hundert Johr alt wor. Nit ens fünf starke Mannslück hätten dä Stamm ömpacke künne! Dä Jung sohch am Baum erop un daach, do mööt mänche Vugel si Ness dren gebaut han. Op eimol hoot hä en Stemm, die klung fremb un dump: »Loß mich erus, loß mich erus!« Ringseröm wor kei Minsch ze sinn. Kom dat Stemmche us de Strüch? Us der Äd? Dä junge Mann frogte en dat Gebösch eren: »Wo bessde dann?« Un die Stemm klung jet nöhter: »Ich steche he unger dä Eichwoozele, loß mich doch erus!« Dä Jung fing alsu an, unger däm Baum opzerühme, sook zweschen de Woozele un hatt glich drop en klein Höhl gefunge, dodren stoch en Glasfläsch. Wie hä die gägen et Leech heelt, sprung en däm Glas e Dingelche eröm, dat sohch us wie en Höppekrat. Dat Stemmche reef widder: »Loß mich erus, ävver flöck!« Dä Jung daach nix Koddes, trok dä Stoppen us der Fläsch, un wie der Bletz steeg ene Geis erus, fing an ze waaße un wohß esu flöck, dat hä em Augenbleck ene lange Käl wor, esu huh wie dä halve Baum. Dann woodt die Stemm laut un gruselig: »Weißde, wat dinge Luhn doför ess, dat do mich freigeloße häss?« Et klung däm Jung wie ene Donnerschlag. Hä saht: »Enä, wie soll ich dat wesse?« Dä pädsstarke Käl brollt: »Ich muss dir för ding Hölp der Hals breche, ich ben ene Geis!« Dä Jung kräg ene kahle Schudder: »Dat hätts do mer fröher sage künne. Wenn ich dat gewoss hätt, wörs do en der Fläsch geblevve.« Dann reef hä, singe Kopp blevv schön op singem Hals! Mot hatt dä Jung för zwei. Mer bruch de Angs jo nit jedem ze zeige. Dä Jung, nit fuul, saht för dä Geis: »Ich muss eesch wesse, dat do wirklich en där Fläsch gesesse häss, wo die doch esu klein ess. Dat künnt jo jeder behaupte. Wenn do widder eren fings un mer dat bewiese kanns, well ich nix mieh sage.« Huhpöözig, wie ne Strunzbüggel ess, reef dä Geis: »Dat ess kein Kuns!« Hä trok sich zesamme, maht sich dönn un klein wie am Anfang un flutschte widder durch dä schmale Fläschehals en die Fläsch. Ppppp! Et klung wie e feuch Bützge vun nem Danzmarieche. Dä Jung ävver daut met flinke Fingere dä Stoppen op die Fläsch, sohch winzigklein dä Geis dren erömschwemme, wie Foderwürmcher en nem Aquarium, un schmess die Fläsch met däm schrecklige Geis zoröck en de Eichewoozele. Dä hatt hä üvver et Ohr gehaue!

Wie dä Jung widder bei si Vatter gonn woll, hoot hä dä Geis en der Äd jömere. Ganz ängslich klung et us däm Woozelsloch: »Loß mich erus, och loß mich doch erus!« Ävver dä Jung reef: »Wer mir der Hals erömdriehe well, dä soll ich freiloße? Ich ben fruh, dat ich dich widder engefange han!« un hä fing an, e Leedche ze fläute, wat klung wie »Jung, dat hässde got gemaht!« Ävver dä Geis wor am beddele wie ene Kröppel am Wäg: »Wenn do mich noch ens frei ließ, well ich dir gevve, wat do dir wünschs. Ich bedrege dich nit wie beim eeschte Mol!« Doch dä Jung leet sich nit op e söß Verspreche en: »Hör met däm Seiver op, do bess frech wie Schapp un kanns mich nit enweckele. Ich han de Nas voll vun dir!« Doch dä Geis heel sich dran: »Do brängs dich öm di Glöck. Ihrlich, ich well dir nix dun!« No jo, daach dä Jung, versöke kann ich et ens. Ich weiß jetz, wie dat Spillche läuf. Wupp, wor dä Stoppen us der Fläsch getrocke, dä Geis fohr erus un woodt größer wie vörher, groß wie ene Ries. Hä reef vun bovve däm Jung zo: »Jetz solls do dinge Luhn krige!« Hä reckte dem Jung e Läppche, dat sohch us wie e Ploster: »Wenn do met däm eine Engk e Wundmol bestrichs, weed dat em Rüppche heil. Wenn do dann met däm ander Engk üvver Stohl un Ieser fährs, weed dat zom echte Selver!« Haha, dä Jung woll dat tireck ens pro-

biere. Hä ging an dä Baum, dät die decke Rind met der Ax leich anretze, strech met däm Läppche drüvver – un verhaftig: dä Baum wor heil! Zefredde reef dä Jung en de Luff: »Got, et hät sing Richtigkeit! Do kanns dich durch de Kod maache!« Der Geis sproch su jet wie e Dankeschön, mieh wie e Fespele, en singer Geistersproch, »endlich erlüs!« hoot dä Jung. Hä woss, dat der Vatter längs waden dät, un hä reef och »Dank« un nohm de Bein en de Hand.

Der Vatter hatt de ganze Zick allein gebrasselt un wor ungehalde: »Wo hässde dich bloß erömgedrevve? Ich han et jo gesaht, met dir ess nix anzefange.« Doch singe Son dät laache un versproch, all die Arbeit nohzeholle, op der Stell. Dobei blevv hä »cool«, wie dat hück heiß: »Passt op, Vatter, he dä decke Baum hauen ich jetz öm, dat et nor esu kraach.« Hä reff met däm eine Zibbelche vum Zauberlappe üvver die Ax, dät ene schwere Hau, un em Rüppche wor dat Ieser en Selver verwandelt. Dat deck Metallstöck wor kromm: »Seht doch, Vatter, wat ich för en schlääächte Ax han, se ess scheif gewode.« Der Vatter saht verschreck: »Do kriss de beste Saache kapott. Jetz muss ich die Ax bezahle un weiß nit, wovun. Hätt ich dich doch nit metgenomme!« Dä Jung woll im Mot maache. »Vatter, ich bezahle Üch alle Unkoste, klor un fass versproche!« Ävver dä Ahl woodt bletzig: »Do Dräumdöppe, sin dat Studentespillcher? Dem Vatter golde Berg verspreche un kei drüch Brut kaufe künne!« Hä saht laut, dat singe Son nit ens genog Versteihsdemich hätt, för ene Waldarbeider ze wäde. Späder kom hä widder zo sich, weil su en Kieverei jo bei jung Lück suwiesu nix nötz, un singe Jung saht: »Kutt, Vatter, mer welle Fierovend maache. Zeigt mer der Wäg us dem Bösch, ich well heim.« Der Vatter gov im dä Rot, die Ax verkloppe ze gonn un ze sinn, wat hä noch doför krige künnt. Dä Ress mööt hä verdeene un sorge, dat der Nohber op sing Schröm köm.

Su maht sich dä Jung op de Söck, leef bes en de Stadt bei ene Goldschmid, un dä laht die Selverax op de Wog: »Donnerwedder! Dat Dingen eß vierhundert Daler wäät. Su vill han ich nit an Bargeld en mingem Lade.« Dä Jung leet met sich handele: hä sollt im gevve, wat do wör. Su kräg hä dreihundert Daler op de Hand. Hundert wöödten gotgeschrevve för späder.

Stolz kom hä heim bei der Vatter: »Seht ens he, ich han Geld genog. Lauft bei Ühre Nohber un frogt in, wat hä för sing Ax han well.« Dä Ahl woss dat ald: »Dat Dinge koss eine Daler un sechs Grosche.« Do saht der

Jung: »Dann gevvt im zwei Daler un zwölf Grosche. Et Dubbelte weed genog sin.« Hä laht dem Vatter hundert Daler op der Desch – däm ärme Käl leefen de Äugelcher üvver, wie hä hoot, dat se jetz steinrich wöre. Hoorklein leet hä sich verzälle, wie singe Son an dä Zauberlappe gekumme wor un wie hä vill Mot bewese hatt. Bes an ehr Levvensengk hatten se usgesorg. Dä Jung ging widder op de huh Schull, kunnt met däm Zauberploster späder Wunde heile, mieh wie genog, un woodt ene berühmpte Dokter, der beste op der Welt!

Et Märche vum Mann em Mond

Dat wor en urahl Zigge. Do ging ens ene Mann am leeve Sonndagsmorge en der Wald, schlog ene Haufe Holz av, ene großmächtige Püngel, dä hä kaum fottschleppe kunnt, bung in zesamme, stoch ene lange gerade Stock dodurch, nohm die Lass op der Puckel un drog se heim.

Ungerwägs kom im ene nette Mann em Sonndagsstaat entgäge, dä grad en de Kirch gonn woll. Hä blevv stonn un sproch dä Arbeitsmann fründlich an: »Weiß do nit, dat hück op der Äd Sonndag ess? Dä Dag, an däm der Herrgott sich räste dät, nohdäm hä de Welt un all die Diere un Minsche geschaffe hatt. Un dat em drette Gebott geschrevve steiht: ›Do solls der Fierdag hellig halde‹?« Dä Här, dä dat frogte, wor der Herrgott selvs, ävver der Holzhäuer satz singe decke Kopp op un saht: »Sonndag op der Äd odder Mondag em Himmel, wat geiht dat mich an, un wat geiht dat dich an?«

Do gov im der Herrgott zor Antwoot: »Dann solls do dinge Püngel Holz drage för immer un iwig, un weil dir dä Sonndag op der Äd su winnig bedück, solls do en Zokunf ne iwige Mondag han un bovven em Mond stonn, e Bild för de Minsche, wat se warne soll, wenn se der Sonndag met Arbeit schände.«

Zick där Zick steiht em Mond immer noch dä Mann met däm Holzpüngel un weed wahl och su stonn blieve bes en alle Iwigkeit.

De Himmelsmusik

Domols, en der golde Zick, spillten de Engele met de Boorekinder em Sand, un de Himmelspooz stundt sperrewick op. Glanz feel wie Sonnefór un Selverstöpp op de Äd, un de Minsche sohchen noh bovve, tireck en et Paradies eren. Wer do ald sillig sing Heimat gefunge hatt un zweschen de Stäne spaziere ging, dät eravwinke un größe, un de Ädeminsche hovven de Ärme un reefen ›alleluja‹ erop. Et Schöns ävver wor de Musik, die mer domols vum Himmel erav höre kunnt: der Här selvs hatt de Note geschrevve, un dausend Engele spillten Harfe, Vijeline un Trumme, dobei och noch Trööte. Dann woodt et ganz stell op der Äd. Der Wind dät nit mieh ruusche, de Welle em Meer un de Ström blevve stell. Minsche, die sich gar nit kannte, nickte sich fründlich zo, wann se sich trofe, un nohmen sich höösch bei de Häng. Ehr Hätze woodten su fruh, dat mer et gar nit beschrieve kann.

Jo, su wor dat en der golde Zick. Ävver et do'te nit lang. Eines Dags leet der Herrgott als Strof för sing Trabante ungen op der Äd de Himmelspooz zomaache, reef all sing Engele zesamme un saht: »Höt op ze spille! Ich kann mich nit mieh freue üvver dat, wat ich vun he bovve ze sinn krige. Die Völker han kein Melodeie verdeent!« Do leeten de Engele de Köpp hange un satzten sich bedröv hin, nohmen ehr Notebládder un däten se zerrieße. Ander Engele hatten golde Schiercher, zerschnibbelten de Blädder en luuter klein Stöckelcher un leeten se erav op de Äd flege. Der Wind nohm se met, wie Schneiflocke üvver Berg un Dal, un de Minsche versooken dat Geschnibbels opzefange. Dä ein fung e größer

Stöck, nen andere e klein, un se däten dat, wat se gefunge hatte, got verwahre! Et wor jo all vill wäät: jet vun der Himmelsmusik, die inne esu besonders got gefalle hatt.

Ävver met der Zick fingen se an strigge un sich ze expliziere. Jederein daach, hä hätt et Bess vun der Himmelsmusik opgeraaf un die ander Lück wören bahl Bedröger un hätten bloß Böchelskrom ze beede. Mänch einer woll noch klöger sin un maht op dat Geschnibbels, wat hä sich zesammegeklääv hatt, vöre un hinge große Schnörkele, wie vun nem Künsler dropgemolt. Nä – wat woren se engebildt! Se worfe sich en de Bruss. Dä ein peff, dä ander sung, eimol en ›a‹ un eimol en ›b‹, Moll un Dur durchenein. Keiner kunnt verstonn, wat dä ander woll, egal, wievill se am singe un am fläute wore, subahl e paar drömeröm stundte, för zozehöre. Kootöm, et wor de reinste Katzemusik un ene Radau wie – fröher hätt mer gesaht: wie en ner Jüddeschull, ävver dat säht mer nit mih, met Rääch, weil Pänz jo üvverall schratele un brölle, wa'mer se liet. – Musik un Harmonie? Kein Spor! Un su ess et metunger noch hück!

Wann ävver der jüngste Dag kütt, wo de Stäne op de Äd falle un de Sonn för alle Zick em Meer versink, dann drängen sich de Minsche an der Himmelspooz zesamme wie Puute op Chressdag, wenn de Döör opgeiht. Dann säht der Herrgott singe Engele, se sollten all dat Notegeschnibbels opsammele, widder öntlich zesammesetze un selvs de kleinste Stöckelcher Papier zortiere, och wenn nor ein einzige Not drop steiht. Su weed dann widder de Himmelsmusik erschalle, klor un schön wie am Anfang. De Minschekinder wäde verwundert do stonn un sich schamme, un einer weed för der andere sage: »Dat Blatt he hatts do! Dat hatt ich! Ävver eesch jetz klingk et wunderbar un ganz anders, wo et all widder beienein ess un do, wo et hingehöt.«

Jo, jo, su weed et kumme, am jüngsten Dag! Ehr künnt üch drop verloße!

Dokter Weißalles

Et wor ens ne ärme Boor, dä heeß Krebs. Hä fohr met singe zwei Ohße e Foder Holz en de Stadt un verkauften die Stämm för zwei Daler nem Dokter. Wie im no dat Geld usbezahlt woodt, soß der Dokter grad bei singer Mohlzick. Do sohch dä Boor, wie got dä ze esse un ze drinke hatt, et Hätz ging im op, un hä wör och gähn su ne Dokter gewäß. Su blevv hä e Wielche stonn un frogte, ov hä nit och su jet wäde künnt. »Dat ess kein Kuns!« saht der Dokter. »Wat muss ich dann dun?« frogten dä Boor, un der Dokter gov im der gode Rot: »Kauf der eesch ens en ABC-Boch, wo vöre ne Hahn dren es. Dann verkäufsde di Gespann vun Ohße un dinge Wage, schaffs der neu Kleider an un all dat, wat söns de Döktersch su bruche. Drettens ließ do e Scheld mole met dä Wööt: Ich ben der Dokter Weißalles! un dat üvver ding Döör hange.« Dä Boor dät et genau esu, wie et im vörgeschlage woodt. Wie hä en Zicklang erömgedoktert hatt, woodt enem riche Här ne Haufe Geld gestolle. Däm verzallten de Lück vum Dokter Weißalles, dä secher flöck sage künnt, wo dat Geld geblevve wör. Su fohr dann dä Här bei der Dokter en däm si Dörp un saht, hä sollt metkumme un dat Geld widder opdrieve. Dä wor enverstande, ävver sing Frau, et Griet, mööt metfahre. Dat wor däm Här noh der Mötz, un hä nohm die Zwei met en si vörnähm Huus, wo ald ganz fing der Desch gedeck wor. Singe Gass sollt düchtig zolange! »Ävver mi Griet och!« reef dä Boor, un kaum wor der eeschte Deener met ener Kump vum beste Esse bei inne, saht hä: »Sühsde, Griet, dat wor der Eeschte!« Dä Deener daach, hä hätt gemeint »der eeschte Spetzbov«, un weil hä dat Geld verhaftig gestolle hatt, woodt et im angs un bang, un hä saht drusse för sing Kullege, dä Mann dobenne wöss et all ganz genau! Die andere wollte nit erengonn, doch och der Zweite moot am Desch serviere. »Griet, dat wor der Zweite!«, su saht widder der Boor, un och der Drette hatt weiche Kneen,

däm ging et nit besser. Der Vierte kom met ner zogedeckte Kump an der Desch, un der Huushär verlangte vum Boor, ze sage, wat do gebraht wöödt. »Och, ich ärme Krebs«, brummelten dä Boor, dä he sing Kuns bewiese sollt, un su wor et genau: en der Kump wore Krebse! Der Här wor sich secher: dä Gass woss wirklich alles! Dä Deener woodt wieß wie de Wand, dät däm Boor kniepe un bedügge, hä mööch ens vör de Döör kumme. Do stundten dann die vier Hanake un woren am struddele: se hätten dat Geld gestolle, wollten et gähn widdergevve un dozo en adig Sümmche för dä Dokter Weißalles lockermaache, wann dä sei nit verrode dät. Et ging jo öm Kopp un Krage. Se zeigten im, wo dat Geld verstoche wor, un dä luse Boor satz sich widder genöglich an der Desch. »Här, jetz well ich ävver ens mi schlau Boch froge, wo Ühr Grosche geblevve sin!« Der fünfte Deener wor en där Zick en der Ovve gekroffe, för ze höre, wat der Gass verzallt. Dä blädderte en singem Boch un fespelte vör sich hin: »Do bess doch dodren un muss erus!«, weil hä singe Hahn sook. Do daach dat Luuschhöhnche em Ovve, hä wör gemeint, sprung erus un bibberte vun Angs. Dä Mann woss jo verhaftigen Gott alles! No zeigte der Dokter Weißalles dem Huushär, wo all si Geld log, dät ävver dobei die Spetzbove nit verrode. Die brahten im späder ne Püngel Geld zom Dank, un su wor der Boor nit bloß rich vun hück op morge, oh nä: hä woodt ene berühmpte Mann!

Dä kleine Schnieder met Kurasch

Et wor ens ne kleine Schnieder, dä soß en ner Stadt, die Romadia heeß; hä hatt bei der Arbeit ens ene Appel nevven sich lige, un do drop soßen de Flege, wie dat zor Summerszick vörkütt. Se woren angelock vum söße Appeldöff. Wödig nohm dä Schnieder e Stöck Dochlappe, wat hä grad unger der Desch falle loße woll, schlog op dä Appel un sohch, dat hä domet sibbe Flege getroffe hatt. Donnerletsch, daach dä Schnieder, bess do su ne Held? Flöck leet hä sich ene blänkige Harnisch maache un op dat Brussstöck met golde Lettere schrieve: Sibbe op eine Schlag! Dann trok hä, angedon met däm Harnisch, durch Stroße un Gasse, un die Lück, die in sohche, meinten, dat dä Held sibbe Männer op eine Schlag ömgehaue hätt – do krägten se Angs!

En däm Land wor ene Künning, vun däm mer üvverall nor et Bess hoot. Do trok der Schnieder hin, dä vörher Nohl, Schier un Bügelieser an der Näl gehange hatt. Hä kom en der Hoff vum Künningspalass, laht sich do en et Gras un schleef en. Huus- un Hoffdeener, die lanskome, sohchen dä Mann do lige, en singem Harnisch, däm riche Stöck, un losen de Goldschreff. Se däten sich wundere, wat en Friddenszigge wie jetz su ne Mann, dä ne große Här schung, he am Künningshoff ze söke hätt. Sollt et Strick gevve?

Dem Künning sing Rotshäre, die dä Schnieder, dä schleef, och gesinn hatte, goven ehrem allergnädigste Künning, der Majestät, flöck Bereech met dä Bemerkunge, dat mer su ne Mann got bruche künnt, wann et Kreg göv. Dä Held künnt vun Notze sin! Dat gefeel dem Künning, un hä scheckte noh däm geharnischte Besök un leet in froge, ov hä en Deens tredde wöll. Der Schnieder hatt tireck de Antwoot parat: doröm wör hä jo gekumme un dät de Majestät bedde, in anzestelle. Dä saht zo, leet im Verflägung, e Zemmer un ene gode Sold anwiese, su dat der Schnieder, ohne vill dun ze müsse, op de beste Aat levve kunnt.

Et do'te nit lang, do woodten dem Künning sing Rittersmänner, die nit vill Luhn hatte, messgünstig op dä Schnieder un hätten gähn gesinn, dat dä beim Düvel wör. Och hatten se Kadangs vör im; wie sollten se gägen in bestonn, wann se ens met im anenein gereete, wo hä jo sibbe vun inne met einem Schlag dut haue künnt? Jeden Dag woren se am nohdenke, wie se dä Kregsmann quitt wäde künnte.

Ävver besonders schlau woren se nit, un ehre Wetz wor esu koot wie ehr Röckelcher. Se funge kein Less, för dä Held vum Künningshoff us de Föß ze krige. Zoletz heelten se Rot zesamme un gingken bei der Künning, för dä öm Urlaub ze froge un im de Kündigung uszespreche.

Wie dä gode Künning sohch, dat sing ganze treu Deenerschaff et Handdoch werfe un in verloße woll, bloß wäge däm eine Kääl, woodt hä bedröv wie selden un dät sich wünsche, hä hätt dä Held nie ze Geseech kräge. Ävver hä woll in och nit einfach fottschecke, weil hä Angs hatt, dat hä selvs un all si Volk dann dut geschlage un si Künningsrich späder vun däm Kreger besatz wödt. Der Künning sook en der schwer Saach jetz Rot. Wat sollt hä dun, för dat all em Gode ze lenke? Hä daach sich en Less us, wie hä sich dä Kregsmann, vun däm kei Minsch woss, dat hä bloß ene Schnieder wor, vum Hals schaffe künnt. Hä leet dä Held kumme un saht im, hä wöss jo, dat hä vun alle Helde op der Äd der größte wör. No däten em Wald, en der Nöh, zwei Riese huuse, die dem Land vill Schade brähte: se nöhmen de Lück fott, wat inne gehööt, schlögen se dut un stöchen inne et Huus üvverm Kopp an, un keiner künnt inne beikumme. Wann hä et sich zotraue dät, die zwei ömzebränge, un dat dät im verhaftig fluppe, dann sollt hä de Künningsdoochter zor Frau un et halve Künningsrich dobei krige. Och wöll im der Künning hundert Reuter als Hölp gägen die Riese metgevve.

Die Red gefeel dem Schnieder ärg got. Et wör doch schön, dat hä dem Künning singe Doochtersmann wäde un dobei noch et halve Rich als Beihau ensacke sollt. Su saht hä, hä wöll dem allergnädigsten Här die Arbeit avnemme, die Riese ömbränge, un dat och ohne de Hölp vun dä hundert Mann. Drop trok hä en der Wald un dät dä hundert Reuter befelle, se sollten am Waldrand wade.

Hä ging en der Wald, wo dä am deechteste wor, un wor am lore, ov hä die Riese irgendwo ze sinn kräg. Nohdäm hä lang gesook hatt, fung hä se unger nem Baum. Se woren am schlofe un däte schnorkse, dat de Äss an de Bäum, wie vum Sturmwind gepack, hin un her am ruusche wore.

Der Schnieder üvverlaht nit lang, hovv flöck en Häd Stein op un klomm op dä Baum, unger däm die zwei Kabänesse schleefe. Dann fing hä an, däm ein ene decke Stein op de Bruss ze werfe. Dovun woodt dä Ries wackerig, sohch op singe Metgesell un frogte, woröm dä in geschlage hätt. Dä andere Ries woss nix dovun un saht, dat mööt em Schlof passiert sin, et dät im leid. Allebeids schleefen se widder en, un der Schnieder worf jetz däm zweite Ries ene Stein op der Buch. Dä fohr op un dät singe Kamerad wödig anbrölle, ävver dä woll och vun nix jet wesse. Se woren sich am zänke un fingen doch widder an ze schlofe. Jetz leet der Schnieder op der eeschte widder Stein falle, ävver esu hatt, dat dä nit länger wade un op singe Nevvemann enschlage dät. Dä leet sich nix gefalle, un no ging et rund, bes dat se wie de Welde Bäum us der Äd resse un esu schlemm openander enschloge, bes dat se dut wore. Zom Glöck hatten se ävver dä Baum, op däm der Schnieder soß, stonn geloße. Wie dä no vun bovve sohch, dat die zwei Käls sich gägensiggig dutgeschlage hatte, wor et im besser zomot wie jemols vörher. Hä klomm fruh vum Baum erav, schlog met singem Schwääät jedem vun dä Riese e paar Wunde un leef us dem Bösch erus bei de Reuter, die frogten, ov hä die Riese gesinn hätt. »Oh jo«, gov der

Schnieder zor Antwoot, »gesinn un dutgeschlage! Ich han se unger nem Baum ligeloße!« Dat kunnten un wollten die Männer nit gläuve. Wie sollt eine Mann ohne de kleinste Wund met dä Riese gekämpf un die och noch dutgeschlage han? Se retten en der Wald eren, för dat Wunder anzelore, un fungen et all esu, wie der Schnieder gesaht hatt. Do woodt et inne schlääch vör Schrecke. Se hatten noch mieh Angs, der große Held dät se all ömbränge, wenn sei ens ene kleine Knies met im kräge. Su retten se heim bei ehre Künning un verzallten im, wat passeet wor.

Wie no der Schnieder bei de Majestät kom un selvs bereechte dät, wie et im gelunge wor, de Riese Zaldat ze maache, un de Künningsdoochter un et halve Rich han woll, dät et dem Künning leid, wat hä versproche hatt. Su nem unbekannte Kregsmann sollt hä si Verspreche enlüse? Die zwei Riese kunnte jo keine Schade mieh bränge! Su daach hä drüvver noh, wie hä met däm Held fädigwäde künnt.

Jetz verzallt hä däm Schnieder, dat leider en nem andere Wald noch en Einhoon erömleef, wat de Lück en Angs un Schrecke versetze dät. Och do sollt der Schnieder Hölp bränge un dat Dier fange, dann wöll hä im de Doochter gevve. Der gode Schnieder wor domet zefredde, nohm sich ene Streck un ging en der nöhkste Wald, wobei hä sing Gefolgslück widder am Waldrand wade leet. Hä woll allein gonn un allein met däm Einhoon kämpfe, genau wie met dä zwei Riese, met denne hä och fädiggewode wör! Wie hä en Zick lang em Wald erömspaziert wor, sohch hä dat Einhoon, wat im entgäge gerannt kom, dat Hoon vörgestreck, för in ömzebränge. Ävver hä, nit bang, dät wade, bes dat dat Dier noh an in erankom, sprung flöck hinger ene Baum, dä im am nöhkste stundt, un dat Bies, wat sich em volle Lauf nit mieh avbremse kunnt, leef gägen dä Stamm, dat si spetz Hoon bal durch un durch ging un em Holz steche blevv.

Wie der Schnieder dat Dier am Baum zabbele sohch, kom hä eran, schlung däm Bies dä Streck öm der Hals un bung et ganz fass. Dann leef hä sing Jaggeselle holle un zeigte denne, wie hä dat weld Dier zor Streck gebraht hatt. Drop ging hä bei der Künning un maht däm met allem Respeck Meldung. No sollt ävver och dat Versprече engelüs wäde! Do woodt der Künning ärg bedröv. Hä woss nit, wat hä noch dun sollt, för nit halde ze müsse, wat hä nit halde woll, un stallt däm Kregsmann dann noch en drette Aufgab. Dismol sollt dä e Weldferke, wat en nem drette Wald erömleef un do verwöste dät, wat im en de Quer köm, enfange, un wann hä och dat noch geschaff kräg, dann wöll hä im tirecktemang sing Doochter zor Frau gevve. Sing ganze Jägerschlück sollte mettrecke un im Hölp gevve.

Der Schnieder wor nit ärg glöcklich dodrüvver, dat der Künning ald widder jet Neus vun im verlangen dät, ävver hä trok doch met all dä Mannslück nohm Wald erus un saht inne, se sollten drusse blieve. Die wore fruh, en Secherheit avwade ze dürfe, weil inne dat Weldferke ald genog Moleste gemaht hatt. En ganze Häd vun inne hatt it et Levve gekoss. Vun däm hatten se de Nas voll! Su woren se däm Schnieder dankbar, dat dä allein de Gefahr op sich nemme woll un sei wick vum Schoss blieve kunnte.

Kaum wor der Schnieder em Wald, do woodt dat Weldferke in gewahr un kom op in zo, der Schuum stundt im vör der Mul un sing schärpe Häuer sohchen och schlemm genog us. Däm Schnieder schlog et Hätz bes en der Hals, un hä sook en Mügelichkeit, sich ze rette. Zom Glöck stundt en alt verfalle Kapellche em Wald, wo de Lück sich fröher ene Avlass geholt hatte. Wie der Schnieder die Kapell sohch, ganz en singer Nöh, sprung hä met einem Satz do eren, ävver och gägenüvver vun der Döör met nem Luffsprung durch e Finster, wo kein Schiev mieh dren wor, widder erus. De Weldsau wor tireck hinger im dren en dat Kapellche geros un dät jetz dren rumore. Ävver der Schnieder leef flöck öm dat Hüsge eröm, rannt vör die Döör, worf se ielig zo un dät se verrammele. Dat weld Dier wor gefange!

De Jaggeselle, vum Schnieder erangerofe, komen un fungen die Saach verhaftig gelunge. Se retten heim, goven dem Künning Bereech un wossen vör Staune kaum, wat se sage sollte. Widder hatt der Held Glöck gehatt. Jederein kann sich usmole, ov der Künning fruh udder bedröv wor, däm Schnieder jetz sing Doochter ze gevve. Hä moot jo bedenke, dat ene Mann, dä dreimol sing Heldekraff su doll bewese hatt, dem Künning selvs an et Ledder kumme künnt. Ävver dat eine ess secher: wann hä gewoss hätt, dat der Held bloß ene Schnieder wor, hätt hä däm leever ene Streck öm der Hals wie sing Doochter gegunnt. Ov no der Künning nem einfache Mann us dem Volk gähn udder ungähn sing Doochter göv, dat wor däm Schnieder ganz egal; dä wor stolz un fruh, der Mann vun ner Prinzessin ze wäde. Alsu woodt Huhzick gefiert, wann och nit met besonderer Freud vun dem Künning un singer Sick us. Jo, der Schnieder wor jetz singe Schwigerson un Künning bovvendren.

En koote Zick späder hoot die jung Künnigin, wie ehre Mann em Schlof am bubbele wor, un se verstundt klor die Wööt: »Knääch, maach mer he dat Wammes fädig un fleck die Botz, plog dich, söns schlonn ich dir de Ell öm de Ohre!« Do dät sich die jung Frau wundere; se kom bahl dohinger, dat ehre Mann ene Schnieder wor, un hing domet och ehrem Vatter, dem Künning, tireck en de Ohre. Hä sollt se vun ehrem Mann befreie. Dem Künning schnett die Red en et Hätz. Wie hatt hä nur sing Doochter su nem Mann gevve künne? Doch hä woss däm Mädche Truus: it sollt en der nöhkste Naach et Schlofzemmer opmaache, un vör der Döör stündten e paar Deener, die sollten oppasse, un wenn se widder su en Wööt hööte, dann sollten se eren kumme un dä Schnieder ömbränge. Dat leet sich die jung Frau gefalle un versproch, et su ze maache.

Beim Künning am Hoff wor ävver ene Waffedräger, dä kunnt dä Schnieder got ligge un hatt däm Künning sing hingerlestige Red metgehoot. Flöck leef hä bei dä junge Künning un saht im, wat se met im vör hätte – hä mööt sich wehre, su got hä künnt! Der Schniederkünning wor däm treue Mann ärg dankbar. Hä wöss jetzt, wat hä ze dun hätt. Wie de Naach kom, ging hä wie gewennt met singer Frau zor Rauh un dät bahl, wie wann hä am schlofe wör.

Die Frau stundt heimlich op, maht de Döör op un laht sich stell widder en et Bett. Noh ner Wiel fing der junge Künning an, wie em Schlof ze spreche, un sing Stemm wor esu hell, dat mer in drusse got höre kunnt: »Knääch, maach mer de Botz fädig un fleck mer et Wammes, söns krissde et Ellemoß üvver de Ohre gehaue! Ich han sibbe op eine Schlag dutgemaht, zwei Riese dutgeschlage, dat Einhoon gefange – de Weldsau och, un do sollt ich vör denne bang sin, die do drusse vör der Döör stonn?«

Wie die dat hoote, mahten se, dat se fottkome, wie wann dausend Düvele hinger inne her wöre. Keiner woll sich met däm Schnieder anläge! Su wor un blevv dä kleine Schnieder met Kurasch ne Künning bes an si Levvensengk. Un wann hä un si Künningssbrückche nit gestorve sin, dann levven se noch hück!

Inhalt